宇宙の根っこにつながる生き方

そのしくみを知れば人生が変わる

天外伺朗

文庫版まえがき

本書が好評のうちに版を重ね、文庫版の出版にいたったことを、とても嬉しく思います。

この機会に読み返してみたところ、タイトルの「宇宙の根っこにつながる」という、とても個性的な表現に関する解説が、どこにもないことに気づいたので、それについて述べてみたいと思います。

画家のポール・ゴーギャンが、砒素《ひそ》を飲んで自殺をはかる直前に描いた大作に、「われら何処より来たるや？　われら何者なるや？　われら何処へ行くや？」という、謎めいたタイトルをつけたのはよく知られています。

「われら何処より来たるや？」という疑問に対する直接的な答えは、「母の胎内から」になります。母親の愛情を全身で受け、守られ、包まれている胎児は、母親が心身ともに健康であるなら、きわめて幸福な状態にあるといえましょう。それは仏教が説く、究極の心の平安である「涅槃《ねはん》」にきわめて近い状態だと、私は考えています。

退行催眠などによる証言によれば、人間は肉体をまとっていないときは、ほぼ涅槃の状態にいると推定されます。つまり私たちは、涅槃の状態から肉体をまとい、やがてまた涅槃に帰っていく存在なのです。

この世に生を受けて母親と分離するときに、涅槃が破れ、苦難に満ちた人生がはじまります。そして多くの苦しみ、悲しみ、つらいことを経験し、そのたびに鎧（よろい）を着込み、どんどん涅槃から遠ざかってしまいます。

本書は、その状態から瞑想などの行を通して、ふたたび涅槃に帰っていくプロセスを解説しています。そのプロセスのことを「宇宙の胎内に帰る」と表現してもよいでしょう。

瞑想を実習すると、擬似的な涅槃を体験することがあります。宇宙との一体感があり、守られて包まれているという感覚。そして、宇宙の愛を感じ、至福の涙がとめどもなく流れる、などといったことです。これらの体験からすると、涅槃では、しだいに宇宙と溶け合って一体になる、と思われます。

このことから、ゴーギャンの疑問に対する答えとして、「私たちは、母親の胎内から生まれ、宇宙の胎内に帰っていく存在で、最終的には宇宙そのものに溶け込んで一体になる」といえます。

胎内では母親とへその緒で結ばれています。同様に、宇宙の胎内に帰っていくときには、目には見えないへその緒で宇宙とつながっていきます。そのことを、「宇宙の根っこにつながる」と表現したのです。

宇宙とつながったへその緒が太くなるにつれ、「宇宙の愛」を感じ取れるようになり、人生はスムーズになっていきます。それは、母親の胎内で過ごした至福の日々に、とても似ているかもしれません。

本書の続編に、『宇宙の根っこにつながる人びと』（小社刊）があります。本書で述べたプロセスを実際に歩んでいる人たちの人生を紹介し、さらに理解を深めていただくことを意図しました。

また、本書で紹介した瞑想に関して、さらに詳細に記述した『宇宙の根っこにつながる瞑想法』（飛鳥新社刊）も刊行しました。ＣＤ付きですので、初心者でも容易に瞑想を体験できます。

これらの本も、あわせて参照していただけると幸いです。

二〇〇一年十二月

天外伺朗

目次

宇宙の根っこにつながる生き方

第2章 宇宙のしくみを知れば人生が変わる

第3章 否定的感情をはずせばカルマはなくなる

第4章　かんたん瞑想で身も心もすっきりする

第5章　宇宙の愛を感じるのが本当の幸せ

構成■田中弥千雄

プロローグ

「あの世」の正体がわかってきた

近代科学が「あの世」を解明しはじめた

私は、大学で電子工学を学んだあと、ある大企業の研究所に入り、技術の研究・開発に携わってきました。その分野では、そこそこの成果を上げてきたと自負しています。その間、たとえばコンパクト・ディスク（CD）というものを開発することにも成功し、その共同発明者ということで、その方面では名前を知られることにもなりました。

そんな近代科学の世界で育ってきた私が、ひょんなきっかけで「あの世」の科学というものに興味をいだくことになったわけですが、その根幹を成しているのは、物理学や脳生理学の学者たちが提唱した「ホログラフィー宇宙モデル」という仮説と、ユング心理学、それに東洋哲学の三つでした。

これらを学んでいくなかで、私は自分にとってきわめて重大な発見をすることになりました。これら三つは一見まったく違った内容なのですが、実は非常に深いところでそれぞれの立場から、宇宙の根本的なしくみというものを説明しているのではないか、という発見です。この発見は、私にとって大きな驚きであり、喜びでもありました。

私は、この発見の驚きと喜びをバネに、宇宙のしくみについてさらに深く追究することになったのです。

また、以上の三つは、宇宙のしくみについてよく似た仮説を述べているだけではなく、いずれもきわめて哲学的な要素に満ちています。人間はいかに生き、いかに死ぬべきかという考察に結びついていくのです。

そこで私もまた、人間の生死の問題について、いろいろ考えるようになりました。とくに、死は人間にとって一〇〇%の確率で訪れる、誰にも避けて通ることのできない大きな問題です。したがって、死について考えることをいみ嫌い、避けて通ることは、不自然なことなのではないでしょうか。

やがて私は、過去に何人かの聖人たちが行った、自らの意志で瞑想に入ったまま亡くなるという「マハーサマーディ」という死の一つの形式があることを知りました。そしてこれこそが、いま私たちにできる人間の死に方の最高の形態ではないかと、考えるようになったのです。

そういうことを考えるようになった私は以来、以上に述べたようなことについて、人々に語ることを本職以上の仕事にするようになりました。

本書でも、どうしたら私たちは輝くような幸せな生き方ができるか、ということを中心に、「生」と「死」の問題についても考えていきたいと思います。

「あの世」と「この世」は表裏一体

ここではまず、私たちの生命はいったいどこからやってくるのか、そのことから述べていくことにしましょう。

このことを理解するには、はじめに宇宙のしくみについて知っておく必要があるかもしれません。

前に述べた「ホログラフィー宇宙モデル」、ユング心理学、東洋哲学などから、宇宙の構造について共通のある一つの結論が導き出されます。

それは、ふだん私たちが生きている、目に見える「この世」のほかにもう一つ目に見えない「あの世」があり、この両方が、表裏一体となってできているということです。

ただし、ここでいう「あの世」とは、一般にいわれている死後の世界のことではありません。死んでから「よっこらしょ」と出かけていくところではなく、私たちが「この世」で生きているいまも同時に存在している、もう一つの宇宙のことです。

しかも私たちは、「この世」で生きていながら「あの世」でも生きています。それだけではありません。生まれる前も、死んだのちも、つまり生死とは関係なく、私たちはいつでも「あの世」で生きているのです。どう考えても不思議な話ですが、しかし、これは決して宗教者のお説教でも、少しオタッキーな人間のたわごとでもありません。最先端の物理学上の仮説を、私なりにいい換えてみただけの話なのです。

以上のような宇宙モデルを仮説として提唱した一人が、高名な物理学者のデビッド・ボームです。ボームは、「あの世」には「この世」のすべての物質、精神、時間、空間などが全体としてたたみ込まれていて分離不可能だ、と述べています。何をいっているのか、にわかにはピンとこないかもしれません。それはそうです。ボームのいう「あの世」の概念は、私たちが日常いだいている常識からあまりにもかけ離れすぎていて、一般には想像することすら不可能でしょう。

ボームの提唱した宇宙モデルについては、第2章でもう少しくわしくふれるつもりですが、ここでは「あの世」と「この世」の関係を、電磁界とテレビ画像のしくみにたとえて説明しておきたいと思います。これなら、何となく「あの世」の感じがつかめるかもしれません。

このたとえは、実はこれまでも私の著書に何度も書いてきたことであり、毎回、同じようなことを書くのは気がひけるのですが、はじめて私の本を読まれる方のために説明すると、次のようになります。

「この世」はテレビ画像のようなもの

私たちが毎日見ているテレビ画像は、いうまでもなく放送局から電波として送られてきます。放送局のアンテナから電波が放射されると、広大な空間に「電磁界」ができます。それを家庭のアンテナで受信し、信号処理するとテレビの画像が出てくるわけです。

かりにいま、私たちが見ているテレビの画像を「この世」、電磁界を「あの世」としてみてください。平面と立体空間との差はありますが、その違いは無視することにしましょう。そうすると、いくつかのことがわかってきます。

まず一つは、目に見えない「あの世」の存在です。電磁界は目に見えないけれども確実に存在しています。「あの世」も同様のものと考えられます。

第二に、「あの世」と「この世」が一対一に対応していることです。電磁界が存在しなければ、テレビに画像は映りません。電磁界とテレビ画像は、一対一に対応しているわけです。

三番目に、「この世」のなかのあらゆる物体、人物やビルや乗り物や自然が、「あの世」にすべてたたみ込まれているということです。画面のなかの人物や物体は、電磁界の特定の場所に存在しているわけではありません。成層圏を含めたあらゆる空間に広がる電磁界全体のなかに、渾然としてたたみ込まれていて分離できません。

したがって、私たちが「この世」に生まれてくるというのは、テレビのスイッチを入れた状態にたとえられるでしょう。画像に人物が映し出されるように、私たちは「この世」に生まれ、生き生きと動きはじめます。

また、死ぬということはテレビのスイッチを切った状態にたとえられるでしょう。スイッチを切っても電磁界はなくなりません。画像のすべての要素は電磁界のなかにたたみ込まれたかたちで存在しつづけます。つまり、もう一人の根源的な自分は、生死と無関係に「あの世」に存在しつづけるわけです。

以上が電磁界とテレビ画像をモデルとしてみた「あの世」と「この世」の関係です。これで少しは「あの世」の感じがつかめたでしょうか。

とはいえ、やはりこんなしくみは、なかなか考えにくいかもしれません。「この世」の常識に束縛されている私たちにとっては、それも当然でしょう。たとえば私たちは、電磁界から画像がつくられるテレビのしくみを知っています。しかし、もしそれを知らない未開人がテレビを見たらどうでしょうか。おそらく電磁界の存在など、とうてい信じられないでしょう。

「あの世」については、私たちも変わりません。はじめてテレビを見る未開人と同じように、私たちも日常の生活概念のなかにまったくない「あの世」の存在など、信じようとしてもなかなか信じられるものではないからです。

人はカルマという服を着て生まれてくる

「あの世」と「この世」のしくみを、もう一つ別の角度から見てみましょう。

人間が「この世」に出てくるとき、最初に着る着物は何でしょうか。「産着《うぶぎ》」に決まってるじゃないか」と思われるでしょう。ところが違うのです。実は、人間は最初に「カルマ」と呼ばれているものを着、次に肉体を着て生まれてきます。ですから、産着は生まれて三番目に着る着物なのです。

カルマというのは、サンスクリット語で、「行い」とか「想念」という意味ですが、私は、いわゆる「魂」という概念もひっくるめてカルマと呼ぶことにしています。人間はカルマを着ることによって「個」あるいは「自分」が発生すると考えられます。

ここで、カルマについてかんたんに説明しておいたほうがいいかもしれません。

一般に、日常どんな行いをし、どんな言葉を発し、どんなことを思っているかによって、その人間の個性ができあがっているといえます。かんたんにいえば、そういう行いや言葉、思いのことをカルマというわけです。

昔からさまざまな宗教が述べてきたことの一つに「カルマの法則」というものがあります。人間がいったり、行ったりしたことは必ずその人にはね返ってくる、というものです。その多くは、前世でやった行いが、いまの人生に降りかかってくると説いているのですが、前世ということまで考えなくても、日常レベルでこれに近いことは経験します。

たとえば他人の悪口ばかりいう人は、いずれ悪口をいわれるようになる。誕生日のプレゼントをあげたら、忘れていたのに自分の誕生日にプレゼントが届く。ささいなことですが、誰にもこんな経験があるのではないでしょうか。

カルマの法則というのは、こういうことがもっと厳密に、あらゆる言行が必ず自分のもとに戻ってくるという教えで、戻り方は必ずしも同じではなく、たとえば人にプレゼントをあげたぶんの報いが、宝くじになって戻ってくるということもありうるわけです。この考え方は突き詰めると、すべての現象は必然で偶然はない、ということになります。

カルマの法則が正しいかどうかは、正直いって検証できません。前世があるということも検証できないのですから、前世の行いが悪かったせいだ、などといわれても、何の確証もないわけです。

しかし、この教えを信じている人とそうでない人の間には、かなり言動の差が出てくるのではないでしょうか。そういう意味では、この法則は人類社会にとって有益だといえるでしょう。

また、さきに述べた「あの世」のしくみからカルマというものを考えてみると、いろいろなことが考えられるわけです。

たとえば、人はみなそれぞれ、生き方のパターンというものをもっています。

失恋をくり返す女性（男性でもいいのですが）というのが、みなさんの身のまわりにも一人ぐらいはいるでしょう。それもはたから見ていると、同じような行動をくり返し、毎回同じ失恋という結果に終わっている。しかも本人は、自分がどういう行いをしているかには、なかなか気づかないものですし、気づいてもその行いを変えるのはとてもむずかしいことです。ほかにも、お金で苦労する人、病気から縁が切れない人、人間関係がうまくいかない人など、その人の行動のしかたから運命的な事柄まで、不思議なほど人それぞれに独特のパターンというものをもっています。

なぜこういうことが起こるのでしょうか。このことに関して、私は独特の考え方をしています。

ひと言でいえば、悪いことが降りかかってくるのは、その人が悪い感情をいだいているからだ、ということです。

イライラさせられる状況が次々に起こるのは、心の奥底にイライラした感情をもっているからです。しかも多くの人がそういう感情を心にしまい込んでいて、自分では気がつきません。だから同じパターンをくり返すわけです。なぜそういうことがいえるのかはのちの章で説明しますが、心で思った感情が現実となってあらわれてくると考えられます。

カルマとは、心でどんなことを思っているかということであり、それによってどんな現実をつくり出しているかが決まってくるのです。

ですから、カルマをなくしていくには、心にしまい込んでいる悪感情をはずしていくことが必要なのです。その方法については、第3章でくわしく述べることにしましょう。

「あの世」には、いま述べたように、「この世」のすべてのものが渾然一体となってたたみ込まれていますので、個というものがありません。個の存在しない世界から、すべてが個として独立しているこの世界に出てくるためには、どうしても個を意味するカルマが必要になってきます。つまり、カルマを着ないと「あの世」からセパレートできないのです。

また、カルマを着ないと、普通の人間は肉体をまとうことができません。いわば、カルマは肉体の下に着る下着のようなものでしょう。

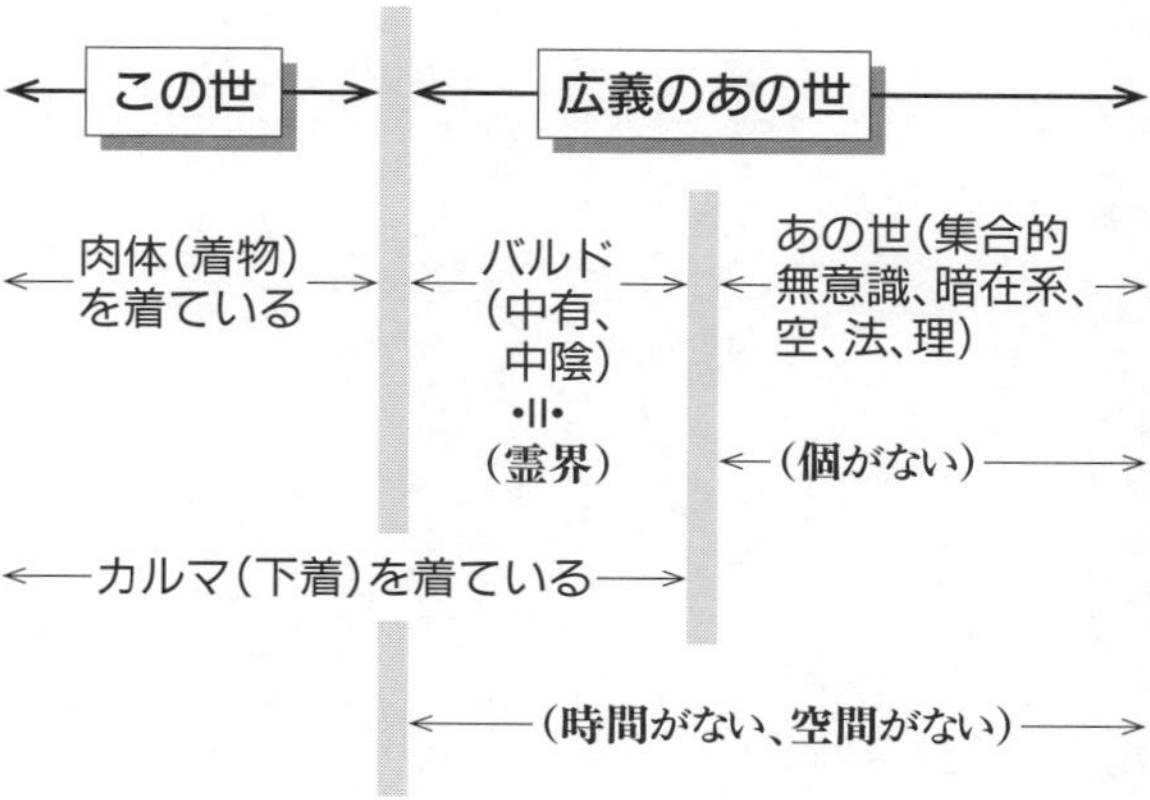

このように、私たちは、まずカルマの下着を着、その上に肉体を着て「この世」に出てきます。つまり、二番目に着る着物が肉体なのですが、ともすると私たちは、この肉体を自分自身だと錯覚しがちです。

食欲とか性欲といった、仏教用語でいう「煩《ぼん》悩《のう》」は、主としてこの肉体に付随した欲望です。ですから、肉体を自分自身だと思い込んで生きている人は、「煩悩」を追求することが人生だと勘違いするわけです。

そして、この肉体という着物を脱ぐことが、「この世」で見られる「死」という現象でしょう。

ところで、死んだあと、生まれ変わりもせず、解脱もできない状態をチベット密教では「バルド」（中有、中陰）といっています。肉体は脱いだけれども、まだ「個」が残っている状態、つまり、カルマの下着一枚でウロウロしている状態といえるでしょう。世間一般にいう「霊界」が、ほぼこれに相当します。一般には「バルド」のことを「あの世」と呼ぶことが多いようですが、私がいう「あの世」は「バルド」ではありません。「あの世」には「個」がないのです。カルマの下着を脱いで素っ裸になった状態が、つまり「あの世」です。そこで、私がいう「あの世」と「バルド」をひっくるめて、「広義のあの世」と私は定義しています。

以上の関係を示したのが前ページの図です。生と死というものを通して見た「この世」と「あの世」のしくみといっていいでしょう。本書をお読みになりながら、ときどきこの図を参照してみてください。図のなかにある「集合的無意識」とか「暗在系」「空」などについては、このあとの章でふれることにします。

過去も現在も未来もたたみ込まれている「あの世」に、時間の概念が存在しないことは明らかです。ただ「バルド」に時間が存在するかどうかは、いまのところわかっていません。

したがって、図のなかで「バルド」に時間がないとしてあるのは、かりに「バルド」に時間が存在するとしても、それは「この世」の時間の概念とは、かなり性質が異なったものだろうと考えられるからです。

また、この図を見ると、「この世」と「バルド」と「あの世」が、別の状態のような感じに受け取られるかもしれませんが、実はそうではないのです。

「あの世」は、常に私たちの内側にも存在しています。その「あの世」の上に「カルマ」の下着のみをまとった状態が「バルド」で、さらにその上に肉体という着物をまとったのが「この世」の私たちなのです。

宇宙の愛こそがすべての基本

ところで、私は『ここまで来た「あの世」の科学』（祥伝社刊）という著書で、次の言葉を結論として提示しました。

宇宙は、全体として、一つの生命体です。その基本は、「無条件の愛」であり、また「仏性」であり、宗教が神や仏と呼ぶ概念と一致します。

宇宙の主体は「あの世」です。「あの世」には、私たちを含めたすべてのものがたたみ込まれており、分離することはできません。分離できないということは「全体として一つ」ということです。また、私たちが生命体なら、その「一つ」のものも生命体にほかならないでしょう。

ただ、「宇宙の基本は無条件の愛」というのは、論理的に導き出された結論ではありません。私の数々の見聞から生まれた直感であり、確固たる信念です。そういう以外にありません。

仏教では、「この世」の苦しみのベスト4を「生・老・病・死」とし、これを「四苦」と呼んでいます。私からすると、「死」が苦しみであることには「この世」の見方にとらわれており、若干「異議あり」ですが、常識的には「老・病・死」が苦しみであることは理解できるでしょう。しかし、なぜ「生」が苦しみなのでしょうか。

私はこういうふうに解釈しています。「生」については、「生きる」という意味ではなく、「生まれる」という意味で「四苦」のトップにあげているのだ、と。そのとおりだとしたら、仏教はさすがというべきでしょう。

なぜならば、もしいま述べた私の直感と確信があたっているとしたら、「あの世」は、みんなが一体になっており、無条件の愛にあふれた、本当にすばらしいところのはずです。そんな居心地のいいところからセパレーションが起きて「個」となり、「この世」に出てくるわけですから、生まれることが苦痛でないはずはありません。それは、おそらく苦しみのきわみだと思います。

したがって、赤ん坊が生まれたとき、私たちは「おめでとう」といって祝福しますが、これはどんなものでしょう。もし赤ん坊に直接声をかけるとしたら、「いや、ご苦労さまなことです」とでもいうべきではないでしょうか。

もしかすると人間は、「この世」に出てくる苦痛を緩和するために、途中で一度シミュレーションをしてから生まれてくるのかもしれません。母親の胎内にいるときが、そのシミュレーション期間です。

胎内にいるときは、子どもは母親と一体になっています。「あの世」のようにすべてと一体ではないけれども、少なくとも母親とは一体です。胎児はそこで母親のあふれる愛情を確実に感じながら、「あの世」と似たような状況のなかで一〇か月を過ごし、それから「この世」に出てきます。そのときも苦しいのですが、しかしこのように二段階に分けて出てきたほうが、一気に「この世」に出てくるよりも苦痛は和らぐはずです。

人間だけではなく、他の動物でも、母親は生まれた子どもに対してものすごい愛情を注ぎます。自分を犠牲にしてでも外敵から子どもを守ったりする。母親の愛情というのは、本当に純粋な無償の愛情です。一般に母親は、それを自分自身から発する愛情だと思っています。でも、実はそうではなく、それは宇宙の愛かもしれません。宇宙の愛が、母親を通して子どもに注がれているのだとも考えられるわけです。

ですから、「宇宙の愛ってどんな感じ?」と聞かれたら、私は迷わずに、「それにもっとも近いのが、生まれたての幼児に対する母親の愛情のようなものかもしれませんね」と答えるでしょう。

それは、一〇か月間の母親の胎内でのシミュレーションを経験しているからだと思います。シミュレーションのプロセスを経ることによって、母親は宇宙の愛を自分の愛情として子どもに注ぎ込むようになっていく。あるいは宇宙の愛が母親の愛に転化する。ですから幼児は、母親の愛情を感じてさえいられれば、すごく幸福で、のびのびとして、豊かで、何事にも感動できるような存在でいられるわけです。なぜなら人間は、宇宙の愛に包まれているときがもっとも幸福を感じられるときだからです。

本来、人間は誰でも宇宙の愛に包まれています。宇宙は無条件の愛の塊《かたまり》であり、どんな人に対しても温かい愛情を注いでいるものです。

ですから、無条件の愛にあふれた「あの世」とつながってさえいれば、あるいは「あの世」に存在する「本当の自分自身」とつながってさえいれば、私たちは、宇宙の愛に包まれた至福の人生を送ることができるでしょう。

でも、近年、私たちの多くは、せっかく降り注いでくる宇宙の愛を感じられないような状況に落ち込んでいるようです。

それは、なぜなのでしょうか。

宇宙の愛を感じられないどんな状況が、私たちを取り巻いているのでしょうか。

本書の第1章は、まずその状況から書き出していきたいと思います。

第1章

魂に栄養をつける生き方

魂が栄養失調になっていないか

いまの日本人の大部分は戦後生まれです。本書を手に取られているみなさんのほとんども、おそらくそうでしょう。戦中から戦後にかけての数年間、日本中にすさまじい飢餓の嵐が吹き荒れ、人々は食うや食わずの生活に追われていました。多くの人が栄養失調か、それに近い状態だったのです。あの頃のつらさがどんなものであったか、当時を経験していないみなさんには想像もつかないかもしれません。

あれから五〇年の歳月が流れ、日本はすっかり変わってしまいました。たとえば、いま栄養失調の人を見つけることは、まずむずかしいといっていいでしょう。ホームレスだって、レストランの残飯をあさっていれば栄養失調にはなりません。食べ物はどこにもあふれ、飢えに苦しんだあの時代がまるで嘘だったように、遠い過去の記憶となってかすんできています。戦後の経済発展は、日本に物質的な豊かさをもたらしました。日本人の五〇年の努力の結果といっていいでしょう。

でも、戦後五〇年経ち、生活が豊かになったからといって、人々は本当に幸福になったといえるでしょうか。

私たちは、体にはありあまる食物を与えて、太るのを心配しています。しかしその半面、魂が栄養失調になっているとはいえないでしょうか。

吉野弘さんの「burst」という詩のなかに次のような言葉があります。

——諸君／
魂のはなしをしましょう
魂のはなしを／
なんという長い間
ぼくらは　魂のはなしをしなかったんだろう——

ひょっとすると私たちは、魂の存在そのものすら忘れてしまっているのかもしれません。

それでは、魂の栄養とはいったい何なのでしょうか。私はそれを「心の底からの感動」だと思います。現代人がどこかで満たされない気持ちをもっているのは、味気ない日常のなかで、魂のしびれるような感動からあまりにもかけ離れた生活を送っているからではないでしょうか。

私の身のまわりにも、精神的に満ち足りていない人が大勢いますし、年配の方々からも

「生きるために必死に戦わなければならなかったあの頃のほうが、むしろ、毎日が充実していたような気がする」という声がたくさん聞こえてきます。精神的な充足を感じられないということは、要するに、人生にときめくような感動がなくなってきているということにほかならないでしょう。

私は一応、会社の上層部におりますので、世の中の功成り名を遂げた人たちを大勢知っています。しかし彼らのその後を見ていると、そういう人たちですら、必ずしもハッピーな老後を送っているとはいえません。

たとえば、会社のためにものすごい業績を上げ、仕事の上でも大きな実権をもっている人が、後進に道をゆずって引退したとしましょう。そうなると、かりに引退したのちにも相談役とか顧問といった肩書きがつき、依然として給料をもらえるような立場になる。はたから見れば悠々自適の生活です。

しかし、そのときに一種の反動が襲ってくるのです。分刻みのスケジュールをこなしながら体を張って生き生きと働いていたときにくらべ、実際の仕事の上で実権がなくなってしまった現在の境遇が、どうにも虚しく感じられてくるわけです。そして、自分のすべてが燃え尽きてしまったような自己喪失感にとらわれ、ションボリと小さくなっていってしまう。いわゆる「燃え尽き症候群」です。もちろん個人差はありますが、私の見る限り地位の高い人ほどそういう傾向にあるようです。

同僚の死を悲しめない心の悲しさ

引退後のこういった自己喪失感は、えてして自分自身に対する勘違いから生まれてくるケースが多いようです。出世して得た自分の地位や肩書きを自分自身だと錯覚してしまうわけです。でも、地位や肩書きというのは、本当の自分ではなく、いってみれば身につけた洋服のようなものでしょう。引退するということはその洋服を脱ぐことですが、おそらく自分自身を捨ててしまうような感覚にとらわれるのではないでしょうか。自己喪失感はそこから生まれてきます。

いまの世の中は、いうまでもなく競争社会です。企業は社員に対し「会社とシステムのなかで一生懸命働きなさい、成果を上げればいつでも給料を上げますよ」とあおり、社員同士を競争させ、会社全体の実績を上げて、し烈な企業間競争を勝ち抜こうとします。社員もまた、それに応えるように一生懸命働きます。

サラリーマンの世界に身をおきながら、出世を願わない人は少ないでしょう。懸命に働いて上役に認められたい。場合によっては他人を蹴落としてでも、少しでも上のポジションにはい上がりたい。そして、やがては重役になり社長になることを夢見る。そういう人が多いと思います。それが悪いというのではありません。しかし、そういうレールの上を突っ走ることだけが人生だと思っていると、実はそこに大きな落とし穴が待ち受けているような気がしてならないのです。

だいぶ以前のこと、数学者の遠山啓さんが何かの文章で紹介していた話ですが、ある大企業の独身寮で新入社員が二人、時をおかずに自殺したことがありました。寮母さんが、「友だちが二人も死んでショックだったでしょうね」といって、残された新入社員たちをなぐさめると、そのなかの一人から「いや、競争相手が死んで気が楽になりました」という返事が返ってきたというのです。

いわゆる競争社会のなかで、人と競り合って勝つことのみが、あるいはその結果としての出世のみが人生の生きがいであると思い込んでいると、誰でもこのような発想に陥らざるをえなくなってしまうのかもしれません。受験戦争のただなかにたたき込まれている中学生や高校生にとっても、同じことがいえるでしょう。

しかし、たとえば友だちの死さえ悲しめずに、むしろ喜んだ新入社員の人生は、それで終わるわけではありません。その後もずっと長くつづくはずです。そしてその過程で、もしこの人の人生観や価値観が変わらず、そのまま同じレールの上を突き進んでいくのだとしたら、おそらくこの人は、自分の人生からしびれるような本当の感動というものを忘れていくのではないでしょうか。かりにそのまま出世できたとしても、本当の意味での幸せは決してつかめないだろうと思います。

感動を育てることを忘れてしまった

いまはすでに退官していますが、東京工業大学に森政弘さんという非常にユニークな教授がおられました。この先生が「スズメはなぜ電線の上に止まって落ちないか。一週間以内にレポートにまとめて提出せよ」という問題を学生に出したことがあります。それに対して、一週間観察したけれどもスズメは一羽も見つからなかったとか、手のひらの上に立てた棒を倒れないようにするのと同じような自動制御をスズメはやっているのだとか、あるいは、指のグリップ力が非常に強いのでスズメは落ちないのだとか、いろいろなレポートが学生から提出されました。そのなかで森先生がいちばん感心したのは、スズメは落ちてもまた飛べると思っているからだ、という答案だったそうです。

この森先生が「いまの学校の教育には叙事文と命令文はあるけれども感嘆文がない」と何かの文章にお書きになっているのを読んで、「なるほどな」と思ったことがあります。学生たちは、ただトロンとした目で講義を聞き、何とか試験をパスすることだけを考えている。そこにはまったく感動がないじゃないか、というわけです。

そこで森先生は、この学生たちをどうにかして一度、心の底から奮い立たせてやろうと考え、乾電池一個で人を乗せて走れるものを学生たちにつくらせてみました。チームを組んでそれをつくり、たとえば二〇〇メートルをいちばん速く走ったチームが勝ちという競争をさせてみたのです。

すると、あの無感動だった学生たちが見違えるようになって、必死になって考え、あらゆる工夫をこらし、徹夜の連続で物づくりに励むのです。そうしているときの学生たちはものすごく生き生きとしている。それが本当の教育ではないか、そういう意味のことを森先生は書いていたのです。

私もそのとおりだと思います。そのようにしてわくわくしながら物をつくる。そこに感動が生まれるのではないでしょうか。本来なら、会社のなかにも学校のなかにも、そのような純粋な感動を呼び起こすような材料はいっぱいあるはずです。それを抑圧せず、解放する方向に進めば、会社も発展するし人々も生き生きしてくるし、感動もする。自分の感動を大切にすれば「燃え尽き症候群」にならずにすむのです。

それなのに競争社会のなかでお互いに他人を蹴落とすことばかり考え、純粋な感動から遠ざかったところに人々は身をおいているのではないか。そういう社会のシステムも教育のシステムも、どこか間違っているのではないだろうか。おそらく森先生もそういうことをいいたかったのではないでしょうか。

わくわくさせるのが最高の教育法

人間には本来、魂の内側からわき出てくるものがたくさんあるはずです。つまり、魂は叫び声を上げているのです。にもかかわらず、「そんなものにとらわれていると出世できませんよ」と、それを抑え込み、会社のシステムのなかでぎりぎり働く方向へもっていってしまう。そんなところから感動は生まれようはずがありません。

魂の叫びに耳を傾け、それが発露するような生き方をしていれば、魂にどんどん栄養が供給されていくでしょう。自分が本当にやりたいことは何か、わくわくすることは何か、喜びをもってやれることは何か――魂はそういうことを求めています。いやいや何かをやっても決して魂は喜びません。本当に心から喜びをもってやれることに対してなら、人間はその感動をバネに、ものすごい力を発揮するものなのです。

鈴木慎一さんが主宰するバイオリン教室では、「鈴木メソッド」という独特の方法を用いて子どもたちにバイオリンを教えています。教え方は大変きびしいのですが、決して子どもたちに最初からバイオリンを強制するようなことはしません。たとえば、まず両親にバイオリンを習わせ、両親が生き生きと教室に通う姿を子どもたちに見せるところからはじまります。そうすれば、子どもたちも「ああ、自分もやってみたいな」と思うのが人情というものでしょう。

そのようにして本当に自分からバイオリンをやってみたいと思うまで、子どもたちに絶対にバイオリンをさわらせません。本当に音楽が好きになり、心の底からバイオリンをやってみたいと思ったところではじめてさわらせる。すると、子どもたちはたちまち上達し、三歳とか五歳の子どもたちがバッハやモーツァルトを弾きこなせるようになってしまうというのです。

これは驚くべきことです。確かに、ムチで強制的に教えるようなやり方では、決してこうはなれないでしょう。本人が本当にやりたいと思う気持ちを引き出すからこそ、子どもたちはそこまで上達できるのではないでしょうか。

「鈴木メソッド」は、日本よりもむしろ欧米でいま非常に有名です。たとえばコンピュータの世界で神様といわれたほど有名なアメリカのアラン・ケイは、マッキントッシュやウィンドウズのもとになった近代的なコンピュータを開発したときに、いちばん影響を受けたのは「鈴木メソッド」だといっています。それほど欧米では注目されているわけです。

ちなみにアラン・ケイは現在、コンピュータの研究よりもむしろ子どもたちの教育に情熱を傾けていますが、その方法論も「鈴木メソッド」から影響を受けたというだけあって、非常にユニークです。たとえば、小学校三年生とか四年生の生徒に、水のなかで生きる動物たちの動きをコンピュータで設計させたりしています。動物たちはエサのある方向に動く。敵がくれば逃げる。ちょっと突つくとピクリと反応する。いわゆる人工知能ですが、そういうアクションをコンピュータで設計させ、それが終わったら、設計した生物たちがコンピュータのなかの水族館でどのように成長し、生殖したり子どもを育てたりしていくか、シミュレーションをしていくわけです。

こういうことをやらせたら、子どもたちが喜ぶのはいうまでもないでしょう。普通、学者でも四年も五年もかかってやることなのですが、それを小学生が何と一か月でやってしまう。それだけではありません。そのほか都市計画までも小学生にやらせたりしているのです。大勢のコンピュータ・サイエンティストたちが裏でサポートしているとはいえ、これもまた驚くべきことではないでしょうか。

したがって、その教室へ行くと、ちょっと人生観が変わるかもしれません。子どもたちは三々五々、床に座ったり、まるで幼稚園で遊んでいるような感じで、普通の学校のように前を向いて受ける授業とはまったく違っています。でも、やっている内容が内容ですから、結果として子どもたちはいろいろなことを覚えていく。結局、普通の小学校でやっているテストをしてみても、平均レベルより点数が高いという結果が出てくるわけです。本当にわくわくするような面白いことをやらせたら、人間の能力はどんどん上がっていくものだということを、これは証明しているといっていいでしょう。

何事もそうではないでしょうか。心の底から楽しいと思ったら、人間はとてつもない力を発揮するものです。事実、楽しいこと、面白いことには子どもは夢中になって取り組みますし、そうしているうちにどんどん知識も身についていく。それにくらべると、たとえばいまの受験勉強などというのは、人間の忍耐力を養うにはいいかもしれないけれども、本質的には一種の拷問といってもいいすぎではないでしょう。そこにはまったく感動がありません。さらにへたをすると、得る知識よりも失うもののほうが多いかもしれません。

現在の先進国の教育というのは、小学校から大学まで、ともかく強制的に知識を外から詰め込もうとしているだけの教育であって、これはとんでもない間違いだと私は思っています。できることなら、抜本的に変えていくのが望ましいと思います。

幸いなことに、わくわくした感動を育てる新しい教育上の試みが、いま民間からどんどん生まれています。たとえば人間は誰しも幼児期にはすばらしい能力がある。それを小さいうちに育て、開発しようという、七田チャイルドアカデミーの七田眞さんやソニーのファウンダーの井深大さんの幼児教育、あるいは、何をどういう方法で学習するかを生徒自身に決めさせ、勉強は基本的には教えないという山本光明さんの学習塾・ネスコム、それにいま述べたアメリカでのアラン・ケイの教育などです。既成の文部省教育とは別のところで起きているこのようなすばらしい試みが、これからの大きい潮流になっていくことを期待すべきでしょう。

本当の自分は内側にしかいない

わくわくするような感動を現代人が忘れてしまったのは、いったいなぜでしょうか。自分自身の魂の内側から発しているメッセージに耳を傾けなくなってきたからだ、と私は思います。つまり、本当の自分自身につながろうという努力を放棄してしまっているからではないでしょうか。

もちろん、昇進するとか、お金が儲かるといったレベルの感動もないとはいえません。しかし、そういう感動は、魂の底からしびれるような、本当の意味での感動には決して結びついてはいかないだろうと思います。

本当の感動というのは、もっと本来の自分自身とつながったところからわき出てくるものであって、そういう感動にひたれるときこそ、人間は心の底から幸福を感じることができるのだと思います。人間の魂が求めているのは、まさにそういう感動ではないでしょうか。それこそが魂の栄養素なのです。

自分自身の内側からの声に耳をとぎすましていれば、たとえば路傍の草花を見ても森を見ても夕日を見ても、人間はその美しさに感動できるのだと思います。競争社会のなかで培われた価値観のみを追求している人には、それらは単なる物としてしか目に入らないでしょう。

どんなささいなことにも感動できるということこそが、人間として正常なのだと私は思います。そして、そういう正常な状態に戻ること、つまり本当の自分自身とつながることこそが人間にとって幸福であり、それを求めるプロセスこそが人生なのではないでしょうか。その意味で人生とは、本当の自分自身を発見する旅といえるかもしれません。

たとえば、メーテルリンクの『青い鳥』の話を思い出してみてください。チルチルとミチルという二人の子どもが幸福の青い鳥を求めてさまざまな国を遍歴するが見つからず、結局それは自分の家のなかに発見されるという物語です。幸福は、お金や出世や名誉などの外的条件の追求にあるのではなく、最終的には自分の心の内側にあるということを、メーテルリンクはいいたかったのでしょう。そういう意味で、子ども向けのストーリーですが、これは非常に内容の深い物語だと思います。

同じように、「外に行くな。真理は（自分の）内部の人に宿っている」といったのは、スイスの心理学者で精神医学者のユングです。

ユングは、自分という存在を説明する言葉として、「エゴ」（EGO）という言葉と「セルフ」（SELF）という言葉を使い分けています。日本語では一般にエゴを「自我」、セルフを「自己」と訳していますが、自分の「内部の人」というのは、この「自己」のことであり、それこそが本当の自分自身であるということでしょう。真理は自分自身の内側に宿っている、というわけです。

ユング心理学が登場してきたのは、いまから五〇年以上も前のことです。いまでこそ理解者は多くなってきていますが、当時は、ほとんどの人がユングのいうことを理解できませんでした。もちろんセルフといっても誰もわかりません。講義をしているとき「いったい、セルフって何ですか」と質問され、「セルフとは、オール・オブ・ユーである。あなた方すべてがセルフ（自己）である」とユングは答えています。いったい、これはどういう意味なのでしょうか。

「あなた方すべてが自己である」というのは、深いところでみんながつながっている、自分も他人も区別がない、という意味にほかなりません。ユングは、この考えを「集合的無意識の仮説」として提唱しました。

これをもう少しくわしく見てみましょう。

人間の意識はすべてつながっている

人間の心は二重構造になっており、日常私たちが自覚している「意識層」と、その奥底にひそんでいる、ふだんはまったく意識できない、それでいて人間にいろいろ無自覚的な行動を起こさせる「無意識層」とがあります。

最初にこの「無意識層」を発見し、注目したのは、心理学者のフロイトでした。心理学に「深層心理学」という新しい分野が加わり、精神病の治療法として精神分析学が大いに発達したのは、それからです。

フロイトの弟子であったユングは、たくさんの臨床体験をもとに、人間の「無意識」の奥底に、さらに深く分け入っていきました。

「人間の無意識とは何か？」——その解明がユングの生涯のテーマとなったのです。

ユングが導き出した結論は、あまりにも一般常識からかけ離れていたために、多くの人々にすぐに理解されるというわけにはいきませんでした。

ユングは次のようにいっています。

人間の「無意識」は、個人に所属するのではなく、全人類に共通であり、つながっている。

これが、ユングの「集合的無意識の仮説」といわれるものです。

人と人とは意識の深いレベルでつながっています。「集合的無意識」には、親族の無意識とか民族の無意識とか、いろいろな階層があるようですが、しかし究極的に「無意識」は、奥深いところで全人類的につながっているというわけです。

これは、たとえばアルプスの山々を想像してみるとわかりやすいかもしれません。「穂高」とか「槍ヶ岳」とか「白馬」「乗鞍」などの各山は、頂上だけを見ていると、それぞれが独立した山のように見えます。しかし、それぞれの山々は連峰として連なり、さらには山脈を形成し、また麓まで含めれば、すべての山々は一つにつながっていることになるでしょう。それと同じです。個人の「無意識」は、別々のもののように見えても、階層ごとにつながりの輪が広がっていき、奥深いところでは、全人類的につながっているということになります。

もしユングのいうとおりなら、本当の自分自身、真実の人間性をもった「自己」は、表面の自分を掘り下げていった奥底にあります。そこではみんながつながっていて、自分も他人も区別がありません。したがってかりに競争のなかで他人を蹴落とせば、深いところで自分自身を蹴落とすのと同じことになるのです。また、他人の心の痛みを自分の心の痛みとして感じられる人は、本当の自分自身とどこかでつながっている人なのでしょう。

「虫の知らせ」とか「胸騒ぎ」とか「テレパシー」、あるいは「以心伝心」などという現象は、人間の心と心がどこかで網の目のようにつながっていなければ、ありえないことではないでしょうか。ユングは、これを学問的に追究し、そこからこの「集合的無意識の仮説」を導き出してきたのです。

無意識からのメッセージに耳を傾けよ

ユングの仮説できわめて興味深いのは、「無意識」は未来を知っているとした点です。この仮説の根拠になったのは夢、すなわち「予知夢」でした。

読者のみなさんのなかにも、予知夢を見たという経験をおもちの方はけっこうおられると思います。予知夢そのものは、それほど珍しい現象ではありません。

ユング自身も、予知夢をよく見ています。たとえば、第一次世界大戦がはじまる前、ヨーロッパ中が血だらけになる夢をくり返し見ました。ユングは、これを自分が精神病になる予兆ではないかと思い込み、すごく悩んだのですが、それからしばらくして第一次世界大戦が勃発したのです。ユングはまた、自分の母親の死や妻の死、親友の死を、その三、四日前に夢で予知していました。

夢が「無意識」からのメッセージであるということは、フロイト以来の精神分析学の常識です。だとすれば、予知夢という現象は、「無意識」が夢を通して未来のことを知らせているということになるでしょう。それは、「無意識」は未来を知っているということを意味しています。「無意識」は未来を知っている。つまり、時間を超越した全知全能の存在である、ということになるわけです。

ユングはまた、夢は私たちの行くべき道を教えてくれる、と説いています。ユング自身が、進むべき道に迷いが生じたとき、自分が見た夢を注意深く分析して、そこから啓示を受け、正しい判断を下したことが何度もありました。そういう経験からユングは、「無意識」には私たちがどうすればいいかを夢を通して教えてくれる能力がそなわっている、と考えたのです。

ということは「無意識」とは、宗教が「神」あるいは「仏」と呼ぶ存在に限りなく近い概念である、ということになるでしょう。何しろ、未来のことでも何でも知っていて、私たちが進むべき道まで教えてくれるのですから。それはまるで「神」や「仏」のようなものといってもいいのではないでしょうか。

ユングは、さらに次のようにいっています。

人間の魂は「無意識」と対話することにより、しだいに進化し、聖なる方向へ変容する。

ユングはこのことを、自分が治療した多くの精神病患者を通して観察しています。また、何よりもそれはユング自身の魂の経験でもありました。

「無意識」と対話するには、いろいろな方法があります。夢を分析し、解釈することも、その一つといえるでしょう。しかし、もっとも直接的で強力な方法は、何といっても瞑想法です。これについては第4章でふれます。

魂が進化していくと、人間の表面的な「意識」と、その奥の「無意識」とが、最後は完全に一体化していきます。これが仏教でいう「悟り」の境地でしょう。瞑想法はそのためのすぐれた方法論ということになるのだろうと思います。

以上が、ユングの説く「無意識」のごく大ざっぱな概要ですが、はじめてこの考え方に接した人には、荒唐無稽《こうとうむけい》な話だと感じられたかもしれません。「ニュートン力学」的な近代科学に慣れ親しんだ感覚で見れば、人間の「無意識」が全人類的につながっていたり、未来を予知したり、神や仏に限りなく近いなどといわれたら、まったく非科学的だと思うのが当然でしょう。

しかし、現代の最先端をいく科学は、明らかに近代科学から脱皮しつつあります。最近では近代科学で説明できない現象が存在することが、広く認められるようになってきましたし、次世代の科学は、こういった現象も明快に説明してくれることでしょう。そういう時代の推移のなかで、ユング心理学も世の中に受け入れられるようになり、精神病の治療などにも多大な実績を上げるようになってきました。いまは、そういう時代に入ってきたのだと見るべきでしょう。

エゴの追求で成り立っている現代社会

このように、無意識の存在を知り、無意識の奥深いところで全人類がつながっていることに気づくと、ひたすら自分の利益だけを追求していくことが、どれだけばかげたことかがわかってきます。人を傷つけることは、自分を傷つけることだということが理解できるからです。

しかし、私たちのいまの社会は、競争と対立に基づいたシステムの上に成り立っています。いい換えれば、エゴを追求することが社会を動かす活力になっているわけです。それはおよそ感動というものからは、ほど遠い社会といえるでしょう。

会社のなかでも、個人と個人、グループとグループが、次元の非常に低いところでいがみ合いをしています。なぜかといえば、それが会社のシステムになっているからです。他人を蹴落としてまで出世しようという競争心を会社があおる。そういった個人の競争心が、会社の活力をつくり出しているわけです。社会全体を見ても同じことがいえます。自分の利益のために懸命に頑張り、それが社会全体の活力になる。これが現在の社会の基本的なバックボーンになっているわけです。

仏教では、こういった私たちのエゴを、煩悩《ぼんのう》と呼んでいます。つまり、仏教的な考え方でいえば、私たちの社会は煩悩に立脚した社会ということになるでしょう。また仏教ではこの煩悩こそが人間の苦しみの根源である、と説いています。ということは、よりによって私たちは、自分たちの苦しみの根源を社会の推進力にしていることになるわけです。

では、煩悩を否定したシステムや社会をつくればいいのかというと、ことはなかなかそうかんたんには運びません。というのは、これまで成功してきたシステムや社会は、ほとんどが煩悩に立脚したシステムや社会であり、煩悩を否定したシステムや社会は、ことごとく失敗してきたという事実があるからです。

煩悩を否定した社会をつくろうという試みは、コミュニティでもコミューンでも、これまで成功したためしがありません。おそらく一〇〇％失敗しているといっていいでしょう。「煩悩はよくない。もっと純粋になれ。純粋になればすばらしい社会ができる。地上の楽園ができる」――こういうかけ声のもとに、理想の社会を目指そうという運動は有史以来、これまで数え切れないほど何度も起き、実際にカルトができたり、コミューンもたくさんつくられてきました。しかし武者小路実篤の「新しき村」をはじめ、それらはすべて実験的試みとして終わってしまいました。ヒッピーたちのコミューンもそうですし、もっと大きくいえば、共産主義の社会だってそういえないことはないでしょう。

失敗の原因は結局、共同体の成員がそれまでの生活のなかで培われてきた煩悩を捨て切れないからです。煩悩は、いくら理性で否定しようとしても否定できるものではありません。そして、その煩悩によって共同体の実態は理念とどんどん離れていき、やがて崩れ去っていく。これは、どうしようもない人類の性《さが》というものなのでしょうか。

このように、徹底したエゴの追求、そこから生じる競争と対立が、いまのところ社会の活力になっていることは否定できない事実です。しかしよく考えれば、それは社会の活力であると同時に、全体の効率をものすごく下げる要因にもなっている。本来生かされるはずの個人の才能や個性が、低次元の競争と対立で活力を失ってしまっているからです。いわば、それは人間社会の進歩のアクセルでもあり、ブレーキでもあるのです。

そのような資本主義が今後どのぐらいつづくかわかりませんが、少なくとも現在のシステムのまま存続できるとは思えません。

その意味で、いわば二一世紀型の社会理念や企業理念というものを、私たちはそろそろ考え出さなければならない時期に入ってきているのではないでしょうか。おそらく、そのための模索の輪は、今後どんどん広がっていくだろうと思われます。

二一世紀の企業理念は「感動」である

これからは、煩悩に代わって、一人ひとりの「感動」が社会の基本的な活力となっていく。それが、一つの大きなポイントになっていくだろうと私は考えています。

そういう未来の可能性を暗示する例があります。インターネット・ソサエティがそれです。

私の息子もインターネットの開発に携わっているので、身近で見ていてよくわかりますが、インターネットを開発している人たちの多くは、一銭のお金にもならないような仕事にも、非常に楽しそうに取り組んでいます。そして、それが無上の喜びとなっているのです。金儲けより、「これは面白いぞ!」という感動が動機になっているからでしょう。これがインターネットを、これまでものすごい勢いで進歩させてきた原動力になっているのではないでしょうか。

インターネットが、感動を推進力とする未来の新しい社会を示唆していると私が考えるのは、その点です。これを組織としてやれるようになれば、それは二一世紀の社会理念、企業理念となりうるでしょう。

もともとインターネットは、一九六〇年代から七〇年代にかけて展開された、ヒッピーたちの「カウンター・カルチャー運動」の精神に沿って発展してきたものです。「愛・調和・互恵」を大切にするというのが、その精神でした。

煩悩を否定した社会や組織体がことごとく失敗してきたなかにあって、インターネットだけはごく最近まで、カウンター・カルチャーの精神が息づき、珍しく成功・発展してきたコミュニティだったのです。

リチャード・ストールマンという天才的なプログラマーがいて、ほとんどのインターネット・エンジニアは彼のソフトを日常的に使っています。普通、「コピーライト」といって著作権を主張しますが、彼は「ソフトは人類の共有財産である。誰もが改良でき、誰もがタダで使えるようにしなければならない」という考えから、コピーライトに対して「コピーレフト」権を主張し、著作権を放棄するとともに、仲間のエンジニアたちにもコピーレフトをすすめています。

彼は自分のソフトを売れば億万長者になれるはずなのに、マサチューセッツ工科大学のAIラボのエレベーターホールに住みついて、身なりもかまわず、寄付だけで開発を進めています。

このように、インターネットは基本的にコピーレフトのカルチャーだったのです。ところが、ここ三、四年の間に急成長を遂げたためか、カウンター・カルチャーの精神である「愛・調和・互恵」はどこかにかすんでしまい、煩悩追求の資本の論理が支配するようになってきました。残念ながら、二一世紀型のコミュニティから二〇世紀型のコミュニティに逆戻りしてしまったのです。

同様に、アップルコンピュータ社をつくったスティーブン・ジョブスやスティーブン・ウォズニャックも、まさにカウンター・カルチャーの申し子でした。二人ともインドに行って瞑想を習ったりしているのです。すべてを上から支配しようとする社会や組織のあり方に反対して、個人を重視したコンピュータをつくろうというのが、彼らのそもそもの会社のはじまりだったのです。ところが最近は、アップルコンピュータ社も何となくエゴを主体とした競争社会にのみ込まれていった感をまぬがれません。

日本人はよく働き、アメリカ人はあまり働かないという話をよく聞きますが、これはとんでもない間違いで、たとえばアメリカのベンチャー企業に集まる人たちは、みんな死にものぐるいで働いています。ただ、彼らがよく働くのは、経営者が煩悩追求のシステムをものすごく応用しているからです。

たとえば、目標を定めて、一か月早く仕上がったらボーナスをやるよ、といったマネジメントです。つまり、細部にいたるまでお金で釣る。それがアメリカのベンチャー企業のやり方です。このような人間の欲望の追求を企業や社会の活力とする資本主義のあり方を二〇世紀型とすれば、いまのアメリカのベンチャー企業は、まさにその典型といっていいでしょう。

「モザイク」というソフトウエアでインターネットが大発展するきっかけをつくり、その後ネットスケープ社を興したマーク・アンドリーセンも、モザイクをつくった当初は、感動が活力の源泉でしたが、いまは煩悩追求型の、資本主義の権化みたいな会社に様変わりしてしまっています。これも二一世紀型から二〇世紀型に逆行した例といえるでしょう。どうしても、こうならざるをえないのかもしれません。しかし彼らのはじめの頃の、感動を基本にした姿勢は、今後の企業のあり方に一つのヒントを与えてくれていることも事実だろうと思います。

これに対して、日本の企業の場合はどうでしょうか。日本の場合は、むしろ一九世紀型から、やっと二〇世紀型へ移りつつあるといえるかもしれません。かつて日本の企業は、主に繊維の製造業から発達してきました。したがって、会社全体の管理体制は、時間管理を中心とした工場管理からきています。人々は一定の時間を、それこそチャップリンの

「モダンタイムズ」ではありませんが、ラインの一部として、必死になって機械のように働く。それがすべての管理の基本になっています。

これは、現在の研究開発型の企業においても変わりません。こういう工場管理の手法をあらゆる産業のあらゆる職種で一〇年一日のごとくつづけ、二〇世紀の後半までもち込んできてしまった。これが日本の企業の実情なのです。効率の悪いのは当然でしょう。日本の産業が、このままの体制で生き残れるとはとても思えません。

アメリカのベンチャー企業のような二〇世紀型の産業形態にいったんもっていってアメリカに追いつくか、さもなければ一気に二一世紀型の企業にトライするかでしょう。

要するに、一人ひとりの人間を動かすのは感動であって煩悩の追求ではない、というところへ企業そのものが進化できるかどうかが、これからの産業界の命題だと思います。

たとえば「魂の栄養素は感動ですよ」と企業の指導者が従業員に対して懸命にいえる。あるいは「うちの会社にみなさんが集まっているのは感動を分かち合うためですよ」ときちっといえるようになる。それだけでも多少は違うかもしれません。そこからスタートして、しだいにシステムを変えていく。道のりは遠いかもしれませんが、そういうことも考えていくべきではないでしょうか。

純粋になれば宇宙がサポートする

「燃える集団」と私が名づけた現象があります。『人材は不良社員から探せ』(講談社刊)という本に書いたのですが、これは非常に不思議な現象です。単にみんなが燃えて一生懸命働くという話ではありません。ある時点からその集団が急に変わってしまうという現象です。どう変わるのでしょうか。

あらゆる困難が、向こうから消えていくようになるのです。ある集団に困難が山のように押し寄せてきて、普通ならそれに対処できずに「もうダメだ」と頭を抱えてしまうような状態でも、あるとき急にその困難が次々と消えていき、みんなが集団催眠状態のようになって、乗りに乗っていくようになる。それで、信じられないようなラッキーな出来事が次々と起きていくわけです。一、二回だけなら偶然かもしれないしフロックかもしれません。でも、不思議なことに、これがつづくのです。その結果、少人数で短期間のうちに、ものすごい仕事が達成されていくという現象です。近代科学的にいえば、とてつもなく荒唐無稽な話ですが、現実にこういう現象を私は何度も経験しています。

ヒンズー教のヴェーダ哲学に「魂が純粋になって非常に強い信念をもつと、その信念が実現するよう宇宙がサポートする」という教えがあります。

ヴェーダ哲学というと、とても宗教的でおどろおどろしい感じがしますが、実はアメリカ人にはけっこう、この教えが浸透しているのです。たとえば、かつてのルーズベルト大統領や鉄鋼王のカーネギーは、明らかにヴェーダ哲学を学び、それを実行していました。最近では、ナポレオン・ヒルといったような人たちが、カーネギーらの言動を引き継いで成功哲学に仕立て上げているようです。要するに、有名なアメリカの成功哲学の本家本元はヴェーダ哲学なのです。

私は、ヴェーダ哲学がいっていることは真理だと思っています。純粋になって強い信念をもつと、宇宙にサポートされてその信念が実現する。私もこれまで、いくつかのプロジェクトでそういうことを経験してきました。第2章でくわしく述べますが、人間の想念は、それほど強烈なパワーをもっているということです。

それには、やはり純粋性が必要なのでしょう。次元の低い出世争いや足の引っ張り合いは、純粋性を失う行為です。それでは宇宙のサポートは得られません。それに対し、本当に純粋になり、「これは面白い」という感動をもってことにあたれるようになると、宇宙のサポートが得られ、業績も上がるというわけです。

オーストラリア原住民の生き方に学ぶ

では、どうすれば私たちは純粋になれるでしょうか。どうすれば本当の感動が得られるようになるでしょうか。それには、人間とは本来どうあるべきかという原点に立ち返ってみることも必要だと思います。

私たちは、そのあるべき姿を、たとえばオーストラリアの先住民であるアボリジニの社会に見ることができるでしょう。

アボリジニたちは、宇宙の愛に包まれながら、自然と一体となった、非常に精神性の高い生活を送っているといわれています。

マルロ・モーガンというアメリカ人女性が、実際にアボリジニたちと数か月間の共同生活を過ごして書いたとされる『ミュータント・メッセージ』（角川書店刊）という本は、その貴重な証言といっていいでしょう。ドキュメンタリーとしての信憑性は検証できませんが、ここに書かれていることが本当だとすると、アボリジニこそが、人類の本来あるべき姿なのではないかという気がしてきます。

アボリジニの特徴の一つは、想念の力にゆだねた生活を送っているという点です。たとえば、砂漠を旅行するときには食糧をもたずに、わずかな水だけをもって彼らは出かけて行きます。そして毎朝、半円形に並び、族長が宇宙にお祈りをささげます。

「もし宇宙の調和を乱さずに、すべての生き物にとっていいことならば、今日もわれわれに糧を恵んでください」

すると、必ず蛇や虫が出てきて食べ物にありつけるのです。地下水にもありつけます。そこときには、族長でない人がお祈りをします。お祈りをすると想念に鳥が浮かびます。そこで、「今日はどうも鳥が飛んできそうだ。みんなで鳥を食べよう」というと、本当に鳥の大群が飛んでくるのだそうです。ブーメランを投げて鳥を落とし、その日は鳥料理にありつけるというわけです。また、あるときは別の人がお祈りをし、「今日は大きな動物がつかまりそうだ」というと、ラクダがあらわれ、肉にありつける。このように、アボリジニは、想念の力が必ず実現すると信じて疑わない、想念にゆだねた生き方をしているわけです。

たとえばある日、一人のアボリジニが脚を複雑骨折し、骨が皮膚から飛び出るような大ケガをしました。それをシャーマンが想念の力で治します。骨に手をかざし、想念を送って、骨折前の正常な状態を骨に思い出させる。そういう治し方ですが、翌朝になると、ケガ人は平気で歩けるようになっていたというのです。

しかも、なぜそんな大ケガをしたか、驚くような理由があります。アボリジニが、こうお祈りしていたからだというのです。

「もし宇宙の調和を乱さないならば、すべての生き物にとっていいことならば、想念の力によるヒーリングを、マルロ・モーガンに見せるチャンスを与えてください」と。その祈りが見事に実現したというわけです。

このように、すべてがお祈りと、お祈りが実現されるというかたちで成り立っているのが、アボリジニの生活であるといえるでしょう。

アボリジニは文明人が失った能力をたくさんもっています。たとえば、彼らの視力はすべて七・〇以上だといいます。また、全員がテレパシーでコミュニケーションできます。彼らにとって、声はコミュニケーションの手段のためにあるわけではありません。それは歌うため、あるいは祈りのためにあるというのです。

本来、人間は誰しもアボリジニと同じような能力をもっていたはずです。「だが、あなたたち文明人はそれを失ってしまった。だから文明人こそミュータント（突然変異種）である。これはミュータントたちへのメッセージである」というのが『ミュータント・メッセージ』というタイトルになっているわけです。

現代人は大切なものを置き去りにしてきた

あるいは、白人に滅ぼされる前のアメリカ・インディアンの社会も、自然と一体となったすばらしい社会だったようですし、ひょっとすると縄文時代の日本もそういう社会だったかもしれません。最近、大規模な集落が発見されて話題を呼んだ青森県の三内丸山遺跡には、戦争の跡は見つかっていないといいます。

かつてのインディアンも、あるいは縄文時代の日本人も、財産というものをあまりもたず、粗末な家に住んで、実にささやかな生活を送っていました。文明が進んでくると、人間の物質的な欲望の追求は際限なくなっていきますが、彼らの場合は、そんなものは生活のなかでそれほど大きな比重をもっていなかったと思います。欲望といっても、せいぜい矢じりがあと何本欲しいといった程度のものだったでしょう。

現代の社会は、確かに文明化したけれども、精神的な面では、現代人は退化してきているといえるかもしれません。

『イシ』（岩波書店刊）という本を読まれたことがあるでしょうか。「北米最後の野性インディアン」というサブタイトルがついていますが、白人に滅ぼされたヤヒ族の最後の一人、イシというインディアンに関する記録です。

ヤヒ族最後の生き残りとして白人社会のなかで生活するようになったイシは、我慢強く誇り高く、魂は子どものように純粋で、精神は哲学者のように聡明な人だったと書かれています。彼は自然とも素直に交感できました。

この本を読むと、インディアンの精神生活がどんなにすばらしいものであったか、身につまされてよくわかります。

イシの話は、手塚治虫さんも『原人イシの物語』（講談社刊）というタイトルでマンガ化しています。短編ですが、マンガ的な誇張を織りまぜながら、イシの高潔な精神を、文明人との対比のなかで実によく表現していると思います。

よくジョークで「インディアン嘘つかない」といいますが、彼らは本当に嘘をつきませんでした。嘘をつく必要がまったくなかったのです。それは、一人ひとりが宇宙とつながっていたからでしょう。自然と一体となり、宇宙と一体となって、全員が宇宙の愛をたっぷりと受けていたわけです。誰もそれを疑うことはありませんでした。みんなの魂が宇宙を媒体として、「集合的無意識」で一つにつながっているということを各人が自覚していたからこそ、そういう精神性のすぐれた社会が実現していたのだと思います。

アボリジニにもかつてのインディアンにも共通していえることは、宇宙とつながり、宇宙のサポートを受けていたということでしょう。私たちがここから学ぶべきことは、非常に多いのではないでしょうか。

私たちは、高度な文明を保ちつつ、高度な精神性をも兼ねそなえていくべきです。この難題の解決を目指して、これから二一世紀へと旅立っていかなければなりません。

そのキーワードは、宇宙だと思います。あるいは本当の自分自身だと思います。

では、宇宙とは何か。本当の自分自身とは何か。宇宙はどういうしくみになっているのか。どうしたら私たちは宇宙とつながれるのか。それらについて、次の第2章で説明していきたいと思います。

第2章

宇宙のしくみを知れば人生が変わる

あなたはいま「あの世」でも生きている

いま、私たちはいうまでもなく「この世」で生きています。このことに疑いをもつ人はいないでしょう。でも、いま私たちは同時に「あの世」でも生きているのだといったら、「何をばかな！」という人がほとんどでしょう。無理もありません。それが常識というものです。

非常にわかりにくいかもしれませんが、宇宙は、実は目に見えない「あの世」と、目に見える「この世」が一体となってできていると考えられます。ただ、私がここでいう「あの世」とは、一般に考えられているような「死んでから行く世界」のことではありません。私たちは、実はとっくの昔から「あの世」にいるのです。ずっと「あの世」にいながら、いま「この世」でも生活しているというわけです。

いったい、これはどういうことでしょうか。また、私たちの人生の大部分が営まれている「あの世」とは、はたしてどんな世界なのでしょうか。本章では、まずそのことから説明していきたいと思います。

「あの世」と「この世」は表裏一体になっている――これは、実は仏教でもヒンズー教でもいわれてきたことですが、科学者として最初にこの仮説を提唱したのは、デビッド・ボームという非常に高名な物理学者です。「ホログラフィー宇宙モデル」と呼ばれているボームのこの仮説は、素粒子の不思議な動きを説明するために生まれた物理学上の宇宙モデルであり、そこには神秘主義や宗教の色彩はまったくありません。

ボームは残念ながら、一九九二年に八五歳でこの世を去っていますが、非常に正義感の強い人だったようです。たとえば一九五〇年頃、アメリカで「アカ狩り」として知られる「マッカーシー旋風」が吹き荒れたことがありました。多くの人が社会的な地位を剝奪されたり、刑務所に入れられたりした事件です。

チャップリンがアメリカから追放されたことでも有名ですが、そのとき、原爆の開発に携わったことで知られるオッペンハイマーをはじめ、何人かの物理学者もやり玉にあがりました。ボームは「社会的正義からいって許せない」と、この事件にものすごく抗議し、そのため自らもアメリカでの学者としての地位を奪われ、イギリスに渡らざるをえなくなった。そういう人です。

一九七〇年代になって、このボームらを中心に、学問上の一つの試みが生まれました。これは「ニュー・サイエンス」あるいは「ニューエイジ・サイエンス」と呼ばれていますが、その基本は、ニュートンからアインシュタインを経て発展してきた、物質中心の近代科学の限界を打ち破り、精神世界をもその対象にした新しい学問体系を樹立しようというものです。そのなかから生まれた仮説の一つが「ホログラフィー宇宙モデル」でした。

ボームは、「あの世」と「この世」が表裏一体であるということを、次のような言葉で表現しています。

宇宙は二重構造になっており、われわれがよく知っている物質的な宇宙（明在系）の背後に、もう一つの目に見えない宇宙（暗在系）が存在します。

「この世」「あの世」というのは私の勝手な読み換えで、ボームはそういう言葉を使っていません。「物質的な宇宙」を「明在系」（エクスプリケート・オーダー）、「目に見えない宇宙」を「暗在系」（インプリケート・オーダー）と、学問的な名称で呼んでいます。しかし、この呼び方ではあまりにもかたく、私たちになじみません。そこで私は、きわめて平易に俗っぽく、「明在系」を「この世」、「暗在系」を「あの世」と呼ぶことにしたわけです。実際、このほうが説明しやすく、みなさんにもわかりやすいのではないでしょうか。

ボームがいっているのは、要するに「この世」と「あの世」は別のものではない、両方が合わさって一つの宇宙を形成しているということです。ところが並の状態では、私たちは「あの世」の存在を認識できません。それはそうです。それは目に見えない、感覚的に意識できない、私たちの日常をはるかに超えた世界なのですから。

ボームは、さらに次のようにつづけています。

暗在系（「あの世」）には明在系（「この世」）のすべての物質、精神、時間、空間などが全体としてたたみ込まれており、分離不可能です。

これは、ボームの宇宙モデルのもっとも根本的なところですが、とてもわかりにくいと思います。すべてが「たたみ込まれ」、一体となった世界とは、はたしてどんな世界なのでしょうか。「この世」では、私もあなたも彼も彼女も別人であり、石も木もビルも飛行機もすべてが別個の物体です。それが「あの世」では、私はあなたであり、彼や彼女であり、同時に石や木であり、ビルや飛行機であり、月や太陽や銀河でもある。それらがすべて溶け合って一体となり、区別できないというのです。おまけに、そこには時間や空間や精神までもが「たたみ込まれ」ている。そんな世界は、あまりにも私たちの日常感覚からかけ離れすぎていて、普通の人には想像すらできません。

現実はすべて「あの世」にたたみ込まれている

デビッド・ボームは、そんな「あの世」の概念を説明するのにホログラフィーをもってきました。ホログラフィーというのは、立体像を光線で再生する技術です。たくさんの人がご覧になっていると思いますが、ディズニーランドの「ホーンテッド・マンション」というお化け屋敷で見られる動くお化けの立体像、あれがホログラフィーです。

くわしい原理は省略しますが、干渉縞と呼ばれる規則的な細かい模様が記録されたフィルムにレーザー光線をあてると、立体像が浮かび上がってくるというものです。

フィルムの模様は立体像とは縁もゆかりもないように見える縞模様なのですが、その模様のどの部分にも物体の全体像が記録されている。これが特徴です。ですから、普通の写真のフィルムだったら、フィルムの一部からは映像の一部しか再生できませんが、ホログラフィーの場合は、フィルムの一部からでも物体の全体像が再生できるのです。要するにフィルムの干渉縞は、部分が全体で、全体が部分なのです。それが「たたみ込み」です。

そんなわけで、ボームは「あの世」の説明にホログラフィーをもち出したのですが、「ホログラフィー宇宙モデル」という呼び方は、そこからきています。

でも、これはちょっとわかりにくいと思います。また、ホログラフィーというのはいろいろ誤解を受けやすく、「あの世」を説明するモデルとしては必ずしも適当ではないような気もします。そこで私も、何となく「あの世」を感じ取ってもらうために、いろいろな例を考えてみました。

たとえば、小説の世界なども考えてみました。一冊の本には、大勢の登場人物やその精神、それに物質や空間、さらにはストーリーの進行とともに流れる時間など、いろいろな要素が文字として「たたみ込まれ」ています。たたみ込まれて印刷された状態では、時間は無関係です。

つまり、時間もたたみ込まれています。それを、時間をかけ、ページを追って読んでいくと、一つの世界が目に見えるように展開されてくる。つまり私たちは、たたみ込まれた内容を、時間とともにひもといていくのです。そうして展開される世界が「この世」で、それらがたたみ込まれている本が「あの世」というのはどうだろうか、とも考えてみたのです。でも本の場合は、部分が全体で、全体が部分であるということにはなりません。肝心のところで「あの世」の説明から遠のいてしまうのです。これならホログラフィーのほうが、はるかにましでしょう。

私が考えたなかで、「あの世」を説明するのにいちばんいいと思うのは、やはりプロローグで紹介したテレビの画像と電磁界の例です。

一瞬のうちに一生を経験する時間の不思議

ボームが使ったホログラフィーの例にくらべると、テレビ画像と電磁界のたとえのほうが、「あの世」と「この世」の構造を説明するには多少、好都合ではないか、と私は思っているのですが、ただしこの例ではどうしても説明できないやっかいな問題もあります。

その一つは、時間のたたみ込みという問題です。

テレビ画像は、放送局のアンテナから放射される電波とともに、時々刻々と変化していきます。つまり時間の面では、両者は一対一に対応しているわけです。

ところが、「あの世」には時間もすべてたたみ込まれているというのです。時間がすべてたたみ込まれているということは、過去も現在も未来も一体になっているということです。いい換えれば、「あの世」にはそもそも時間という概念がないのです。

これもまた、感覚的に非常にわかりにくいのではないでしょうか。

「この世」では、時間は過去から現在、現在から未来へと、絶えず一定の速さで流れているように感じられます。そういう世界に暮らしている私たちにとって、時間というものが存在しない世界を想像することは、確かに困難でしょう。

実は、時間にはいろいろな考え方があります。物理学を勉強した人だったら、時間が過去から未来へ向けてただ一定の速さで流れるだけのものではなく、運動する物体のスピードや重力の影響で速さが変わる、きわめて相対的なものであるということを知っているはずです。

たとえば、光速の九九％のスピードのロケットに乗って一年間宇宙旅行をして帰ってくると、地球上では約七年間の歳月が経っている。もちろん、いまのところ人類はまだそんな速いロケットを開発していませんが、理論上はそうなります。

あるいは、重力の強いところにいると、時間の進み方が遅くなります。だとすると、海抜すれすれの低地で生活するほうが、それより重力の弱い高地で生活するよりも少しだけ寿命が長くなることになります。相対性理論から導き出されたこのような時間を「アインシュタイン時間」と呼んでいます。

これに対して、時間はどんな条件の下でも常に一定の速さで流れるという考え方を「絶対時間」あるいは「ニュートン時間」といいます。

科学的には「アインシュタイン時間」のほうが正しいのですが、私たちが一般に常識としてもっているのは「ニュートン時間」のほうです。東京とロンドンとニューヨークとでは時を刻む速さが違う、と疑う人はまずいません。故障でもしていない限り、時計の進み方はどこでも同じだというのが私たちの常識です。もちろん、普通に生活しているぶんには、「ニュートン時間」で何の不都合も生じません。

ただし、「ニュートン時間」を信じてロケットに乗り、はるか宇宙の彼方へ飛び出す人がいたら、その人は二度と地球へ帰ってこられなくなるでしょう。地上では絶対的だと考えられていた「ニュートン時間」も、宇宙空間へ飛び出したとたん使いものにならなくなってしまうからです。私たちの常識は、そのぐらいあてにならないということでしょう。

時間には、もう一つ「ベルグソン時間」というのがあります。ベルグソンという人は、一九世紀から二〇世紀前半にかけて活躍したフランスの哲学者ですけれども、過去も未来も現在の一瞬にたたみ込まれているという意味のことをいっています。仏教のほうでは、これを「永遠の現在」といっているようですが、どちらかというと、この「ベルグソン時間」の概念が「あの世」のレベルに近いかもしれません。

未来はともかく、過去のすべてが現在の一瞬に凝縮されるということは、実際にあります。たとえば、足を踏みはずして崖から落ち、「死ぬ！」という思いがよぎった一瞬、それまでの人生のすべてのシーンが、よくいわれる「走馬灯のように」よみがえってくるという現象。これは「パノラマ視現象」といって、心理学の教科書にも載っています。

私も大学一年のとき、宮城音弥先生の心理学の講義でこの「パノラマ視現象」の話を聞いたときは、にわかには信じられませんでした。

つい最近、私は講演に招かれて前橋に行ったとき、この「パノラマ視現象」を実際に体験したという人の話を聞きました。オートバイを運転していて自動車と正面衝突し、空中にはね飛ばされたその一瞬のうちに、それまでの人生のシーンがすべて、細部にいたるまで見えたというのです。

こんなことは、通常「この世」の時間感覚では考えられません。人生のすべてのシーンを思い起こすには、相当に時間がかかるはずです。それを瞬時に思い起こすというのは、むしろ「あの世」の感じに近いのではないでしょうか。「パノラマ視現象」を体験した人は、ひょっとするとその瞬間、「あの世」に近づいたのかもしれません。もしそうなら、「あの世」に近い状況では、一瞬にして膨大な情報を伝達することも、一瞬にして人生のすべてのシーンを見ることも可能だということになります。

モーツァルトは作曲するとき、一瞬のうちに一つのシンフォニーを思いついたといっていますが、これなどもそうでしょう。それを譜面に表現するには、いかにモーツァルトが素早く書き飛ばしたとしても相当に時間がかかるはずです。天才は「あの世」とどこかでつながっているのかもしれません。

アインシュタインもそうでした。若い頃に相対性理論が一瞬にして思い浮かび、それを証明するのに後年かなりの時間を要したということです。何かを発明するとき、あるいは数学の解答を思いつくときというのは、私たちでもそうです。一瞬のうちにパッときて、それをその後、一生懸命ひもといていくわけです。長い時間が一瞬にたたみ込まれるという点では、どれも同じ現象といえるでしょう。

「ニュートン時間」では考えられない現象が世の中にはたくさんあるものです。

固定観念は、えてして真理を遠くへ押しやります。まずそれを捨てることが「あの世」を理解する第一歩ではないでしょうか。

物質と精神は別のものではない

電磁界とテレビ画像のモデルでは説明できないもう一つは、精神の「たたみ込み」という問題です。電磁界には、人間の精神や心はたたみ込まれていません。

私たちのほとんどは、そもそも物質の世界と精神の世界はまったく別のものだと考えています。一七世紀フランスの哲学者、デカルトが唱えた「物心二元論」が、いまや常識として定着してしまっているからです。

しかし、そもそも「物心二元論」は、中世の政治的背景のなかから生まれたものだったのです。

かつて中世ヨーロッパでは、宗教と科学が激しい戦争をしていました。キリスト教の権力は絶大で、その教えに反する者は罰せられたり、ひどい場合は殺されたりしたのです。そのなかには、宗教と闘った多くの科学者が含まれていました。宗教裁判で禁固刑をいい渡され、「それでも地球はまわっている」といったガリレオの例はよく知られています。

この宗教対科学の争いに終止符を打ったのが、デカルトの「物心二元論」です。それ以来、分業体制が進み、宗教が精神の世界を、科学が物質の世界を、もっぱら扱うようになりました。この住み分けによって、宗教の迫害から逃れることができた科学がその後、近代科学としてめざましい進歩を遂げ、今日見られるような物質社会の発展に大いに貢献してきたことは、事実が示すとおりです。

ところが、科学が進歩するにつれ、物質の世界だけを扱ってきた近代科学では処理し切れない、いろいろな現象が発見されるようになってきました。たとえば、素粒子の不可思議な振る舞いなどは、古典物理学では説明できません。その解明のために生まれたのが素粒子の物理学である量子力学です。量子力学を追究する科学者たちの一部は、やがて人間の精神の問題にも立ち入らざるをえなくなってきました。物質と精神を一元的にとらえる必要性ができたため、デカルトの「物心二元論」を否定する人が増えてきたのです。

ボームもまた、物質も精神も同じように「あの世」にたたみ込まれている、という考え方を基本に、「物心二元論」を完全に否定しています。

要するに、容積のある目に見える物質と、容積のない目に見えない精神や心というものは、「この世」で観察するとまったく異質なものに見えるけれども、「あの世」にたたみ込まれてしまうと、両者は同じものとなり区別できない、というわけです。

さらにボームは、次のようにいっています。

物質も精神もエネルギーとして暗在系（「あの世」）にたたみ込まれている。

物質がエネルギーだと最初にいったのは、アインシュタインです。物質は質量に光速の二乗をかけただけのエネルギーを潜在的にもっていると予言したのですが、これはエネルギーに対するそれまでの考え方を一変させるものでした。質量をそのままエネルギーに変換できたら、物質に閉じ込められたエネルギーは、想像を絶するような巨大なエネルギーとなって解放されるということが理論的にわかったのです。ただし、人類が最初にこの巨大な質量エネルギーの解放を見たのは、不幸にして原子爆弾によってでした。

物質がエネルギーであることは、こうして証明されたわけですが、ボームは、物質だけではなく、精神もまたエネルギーだといったのです。物質と同様に精神もエネルギーとしてたたみ込まれており、両者は区別できない。それが「あの世」だというわけです。はたしてご理解いただけるでしょうか。

ともあれ、以上が「ホログラフィー宇宙モデル」というかたちでボームが提示した宇宙のしくみの概要ですが、もう一度要約すると次のようになります。

①「あの世」と「この世」は表裏一体になっています。

②「あの世」には、「この世」のすべての物質や生命が全体としてたたみ込まれており、分離不可能です。

③「あの世」がなければ「この世」は存在しません。「この世」のどんな小さな一点にも「あの世」のすべてが反映しています。

④「あの世」には、時間も空間も存在しません。

⑤「あの世」には、物質も精神もエネルギーとしてたたみ込まれており、両者は区別できません。

この大発見が私を「あの世」の布教師にした

私がこの「ホログラフィー宇宙モデル」を知ったのは、いまから一〇年以上も前のある日、ソニーの名誉会長の井深大さんにお会いしたのがきっかけでした。そのとき私は井深さんから、日仏の科学者の会議が筑波大学で開催され（一九八四年）、そこでニュー・サイエンスのことが話題になったという話をお聞きしたのです。

この会議での科学者たちの発言が五冊の本にまとめられていて、興味をいだいた私は、それを少しずつ読み進めていきました。読んでみると、これがまた非常に面白いのです。なかでも、会議にビデオで参加したボームの「ホログラフィー宇宙モデル」に関する話が、私を強く引きつけました。いろいろな仮説があるなかで、これが比較的、私たちの感覚に近いような気がしたからでしょうか。

ところで、この会議の日本側の代表が、当時筑波大学の教授であった湯浅泰雄先生でした。湯浅先生はユング心理学の専門家ですから、会議での先生のいろいろなコメントのなかには当然ユングの話も出てきます。それらの話に触発されて、ユングにも興味をもった私は、その後、ユングに関する参考文献などもいろいろ読むようになりました。これが、実は私にとって非常に大きな結果をもたらすことになったのです。

ユングを読みながら、私にひらめくものがありました。「待てよ。ユングとボームは、ひょっとすると同じことをいっているのではないか」――そのことに気がついたのです。

たとえば、「意識」の奥底に普通の状態ではその存在がまったくわからない「無意識」がひそんでいるという説と、目に見える宇宙の背後に目に見えない宇宙が存在しているという説は、私たちに知覚できない「もう一つの世界」があるという点で共通しています。

また、「集合的無意識」は全人類につながっていて分離できません。同じように「あの世」にはすべての生物や物体が全体としてたたみ込まれており、分離できません。自他の区別がなく分離不可能という点で、両者はまったく同じです。

さらに、「無意識」は時間を超越し、未来を予知することができます。一方「あの世」にも時間がたたみ込まれていて、過去、現在、未来の区別がありません。両方とも時間を超越しているわけで、その点でも共通しています。

もう一つの共通点は、東洋哲学との類似性でしょう。二つの仮説は、ともにヒンズー教のヴェーダ哲学や仏教などが説いてきた宇宙観と実によく似ているのです。

このように、ユングが提唱した「集合的無意識」の概念と、ボームが提唱した「あの世(暗在系)」の概念は、心理学と物理学というまったく異なる世界を対象にした仮説でありながら、実は同じことをいっているのではないか——そのことに気づいて、私は、一種の戦慄《せんりつ》を覚えました。お風呂のなかで「浮力の原理」を発見し、喜びのあまり「ユリイカ(われ発見せり)!」と叫びながら、裸であることも忘れて外に走り出たアルキメデスの心境でした。それほどこれは、私にとって大発見だったのです。

ただ、「集合的無意識」も「ホログラフィー宇宙モデル」も、世界中でよく知られている仮説ですし、世間は広いですから、私よりも先に同じようなことに気がついた人もいるかもしれません。

したがって、自分がその第一発見者であると主張する気は、いまだに私にはないのですが、そうであろうとなかろうと、それを発見したことによって知りえたもろもろのことについて、口をつぐんでいることが私にはできませんでした。それらをより多くの人に知らせようと、比較的短い間に、たてつづけに何冊かの本を私は書くことになったのです。

疑うと実験がうまくいかないのはなぜか

さて、第1章でアボリジニの人々が、お祈りすることで食べ物にありつけるといった、想念の力にゆだねた生活を送っていることを紹介しました。私も以前は想念の力などというものは信じませんでしたが、「あの世」や「集合的無意識」のことを学ぶうちに、「想念が実現する」ということがありうることを知るようになってきました。

私は、かつて次のように書いたことがありました。

世の中のすべてはひょっとすると、事実があるから人々が信念あるいは常識を持つのではなく、信念、常識があるから事実が生じているかもしれないのだ。社会というのは人々が集団で一連の信念、常識を持ち、それを事実と化している構造なのかもしれない。(『「超能力」と「気」の謎に挑む』講談社刊)

私がこれを書いたのは、超能力の問題を切り出したかったからです。

超能力の科学的研究が本格的にはじまったのは、一九三〇年代でした。ジョセフ・ラインという、アメリカのデューク大学の教授によってはじめられたのですが、その存在がやっと科学的に証明されるようになったのは、それから三〇年後の一九六〇年代の後半になってからです。超能力の存在証明に、なぜ三〇年もかかってしまったのでしょうか。

それは、超能力の存在を疑う科学者が実験をすると、必ず超能力を否定するような結果が出るという奇妙な事実があるからです。

近代科学では、実験で新しい現象が発見されても、それを他の大勢の科学者たちが追試して、同じ結果が得られないと、現象そのものが否定されてしまいます。

超能力の実験でも、それをめぐって大問題となりました。追試がうまく機能しなかったのです。

超能力を信じている科学者が実験した場合は、超能力があるという結果が出ます。ところが、超能力がないと信じている科学者が実験すると、超能力がないという実験結果が出る。いくら実験をくり返しても、そうなります。それをめぐって、超能力を信じる科学者と、信じない科学者の間で長年にわたって激しい論争がくり広げられました。

これは、俗に「羊と山羊の問題」として知られています。

「羊」とは、超能力の存在を信じる科学者のことで、「山羊」とは懐疑論者のことです。「羊」が実験すると超能力の存在が証明されるのに、「山羊」が実験すると否定的な結果が出る。いくら実験しても、論争しても、決着がつきません。これを三〇年間くり返したわけです。

その理由が明らかになったのは、一九六〇年代、ヒッピーたちの「カウンター・カルチャー運動」とともに、それまでほとんど顧《かえり》みられることのなかったユングの深層心理学がにわかに脚光を浴び、「集合的無意識の仮説」が強い影響力をもつようになってからでした。

懐疑論者の想念が、目に見えない「無意識」の力によって、被験者が超能力を発揮するのをじゃましてしまう。そういうことは大いにありうることだ、ということが「集合的無意識の仮説」をヒントにわかってきたのです。

たとえば、一つの社会があって、その社会の全員が超能力を否定していたとします。その場合、全員が懐疑論者ですから誰も超能力を発揮できません。本来もっていたとしても抑圧してしまうのです。

それに対して、超能力の存在を信じている人ばかりの社会では、誰も抑圧しないので、透視でもテレパシーでもどんどん起きます。

要するに、事実があるから人々の信念や常識が生まれるのではなく、信念や常識をみんながもっていると、事実がその信念や常識どおりになってしまう。そういうことが、少なくとも超能力の実験の現場では存在することが学問的にも証明されるようになったわけです。

私は、これと同様のことが、超能力以外のさまざまなことにあてはまるのではないか、と考えています。ひょっとすると、これが人類社会の基本構造かもしれません。もっとも、それが証明されるまでには、まだ長い年月が必要です。

雲も消してしまう想念の驚くべき力

このように、「想念が実現する」というのは、そう信じている人が増えたせいでしょうか、珍しくはなくなってきました。

たとえば、船井総合研究所が主催する第一回「船井オープンワールド」で私が想念の力について講演したときのことです。聴衆が一〇〇〇人ぐらいいたでしょうか。私は「このなかで雲を消せる人がいますか」と聞いてみました。二、三人ぐらいは手をあげるかな、と思っていたのですが、手をあげた人が何と約三〇〇人もいたのです。

もちろん、「船井オープンワールド」に集まる聴衆には特殊な人が多いのですが、それにしてもこれはすごいことだと思いました。想念の力で雲を消せる人は、いまではそのぐらいたくさんいるのです。

確かに、雲を消すのはそれほどむずかしいことではありません。おそらく少し練習すれば誰にでもできるのではないでしょうか。

あまり高いところにある雲はなかなか消せませんが、低い積雲（綿雲）なら消せます。もちろん、雲に向かってただ「消えろ、消えろ」といっても消えません。雲が、少しぼんやりと隙間ができて消えていくさまをイメージするのです。そうすると、調子のいいときはイメージしたとたんに消えはじめ、約一〇分ほどで完全に消えてしまいます。

ただ、雲が一つしか浮いていないときは、想念で消えたのか自然に消えたのか判断できません。ですから、積雲がポカポカとたくさん浮いているときを狙うのがいちばんいいでしょう。

そのうちの一つをターゲットにして消していけば、他との比較でわかります。大勢で消すときは、みんなで一つに集中してもいいし、それぞれ違うターゲットで競い合うのも楽しいのではないでしょうか。こういうことは比較的かんたんにできます。

ただし、面白いのは「雲を消す？　そんなばかな」という人が一人でもいると、とたんに雲は消せなくなることです。

ここにも、やはり「羊と山羊の問題」が出てくるわけです。たとえば、雲を消せる人が一〇人いたとして、そこに懐疑論者が一人でも入ると、その力に抑圧されてもう雲は消せなくなります。それは明らかにそうなります。否定的感情の力がいかに強いかということでしょう。

「この世」は思いがつくった幻影である

「羊と山羊の問題」は、超能力の問題に限らず、あらゆる問題に顔を出してくるのではないか、と私は考えています。

たとえば、ある共通の信念を集団でもっている場合、つまり、一つの想念に対して全員が「羊」であった場合、その想念は事実となって実現します。社会の構成員全員がある信念をもっていれば、その想念は、自分たちの社会のありようとなって実現するわけです。もしそうなら、私たちは、自分たちでつくり出しているとはつゆ知らずに、その社会のしくみの枠のなかで生活を営んでいることになるのです。はたして私たちの社会は、このように私たち自身の想念がつくり出したものなのでしょうか。

仏教やヒンズー教には、目に見える宇宙、つまり「この世」は、人間の「無意識」がつくった幻影だ、という教えもあります。

たとえば、仏教に「唯識《ゆいしき》」という一派があります。すべての物事はそれを認識する心のあらわれだとする考え方です。そこでは人間の意識の奥底に、末那識《まなしき》とか阿頼耶識《あらやしき》といった、いわゆる深層心理が存在すると説いています。これは、ほとんど深層心理学の世界と同じです。階層の分け方が少し違うだけで、フロイトやユングのいっていることと、ほとんど変わりません。

そして「唯識」のもっとも基本的な考え方は、われわれが外側から見ている世界というのは実は心の奥底の意識がつくり出したものだ、ということです。これがあまりにも一般常識と違うため、なかなか人々の間では受け入れられませんでした。

さらに、天台宗や華厳《けごん》宗では阿頼耶識の奥底に無垢識《むくしき》（阿摩羅識《あまらしき》）というすべての根本の宇宙意識が存在するという説も述べています。この宇宙意識こそが「あの世」であり、「集合的無意識」であり、「本当の自分自身」ということになるでしょう。そしていちばんのポイントは、「この世」は、宇宙意識が生み出した幻影にすぎない、ということでしょう。

またヒンズー教は、「マーヤ」（神の幻術）といういい方をしています。「この世」はすべて「マーヤ」であり、幻想であるという思想で、ヒンズー教のヴェーダーンタ派が中心になってこれを説いてきました。

こういったことは、にわかに信じがたい話ですが、私は、これはすべて正しいと、いまは思っています。

「この世」は「無意識」がつくった幻影なのです。

お経を解釈すると先端科学に行き着く

『般若心経《はんにゃしんぎょう》』の次の言葉は、よく知られています。

色即是空《しきそくぜくう》　空即是色《くうそくぜしき》

問題は、この言葉の解釈です。「色の道は空しい」などと解釈してはいけません。私は中学生のとき、友だちにそう教えられ、しばらくは信じ込んでいました。

「色《しき》」は、仏教ではかたちのあるものをいいます。つまり、目に見える物質的な世界、ボームのいう「明在系」（「この世」）のことです。

これに対して「空《くう》」は、非常にむずかしく、日本の仏教界でも、その解釈にはかなり苦しんできたように思われます。その昔から、道元や一休や白隠らの名だたる高僧が「空」を解釈していますが、だいたい三つに要約されます。

その一つは「無常観」です。きれいに咲いた花もすぐに散ってしまう。かたちあるものは必ず滅する。そういう「無常観」が「空」だという解釈です。

もう一つは「相互依存」という考え方です。桜の花が咲くのは、花の力だけによるのではない。枝があり、幹があり、根があり、地面があり、地面のなかには養分がある。それに太陽があり、空気があり、水があってはじめて花が咲く。そういう複雑にからみ合った「相互依存」の関係が「空」だ、という解釈です。

三つ目は「とらわれない心」というものです。私たちの心は、常に何かにとらわれている。もし「とらわれ」から解放できたら、心はものすごい力を発揮する。この「何ものにもとらわれない心の働き」を「空」という。こういう解釈です。

以上の三つの解釈は、いずれも正しいと私は思います。いずれも内容が深く、以下に述べる解釈とも根底ではつながっています。また、経典の解釈は、別に一つに決める必要はないでしょう。むしろ、いろいろな解釈ができるところに、経典のすばらしさがあるのだと思います。

以上が、仏教における「空」の解釈ですが、「ホログラフィー宇宙モデル」を頭において『般若心経』を読むと、どうなるでしょうか。「空」は、かたちのないものであり、まさに「暗在系」(「あの世」)そのものであるということがわかります。

「あの世」には、あらゆる物質や精神がたたみ込まれています。それが何もない「空」だというのはおかしいと思われるかもしれません。

これは太陽の光を考えるとわかります。白色に見える太陽の光をプリズムにあてると、七色に分解されます。ということは、太陽の光には、実はすべての色がたたみ込まれているのです。絵の具や印刷インクは、すべての色を混ぜると黒になり、その黒からもとの色は分離できません。ところが、光は逆で、すべての色を混ぜると白色になり、そこからあらゆる色が分離できるのです。

「あの世」というのは、要するに光のようなものでしょう。だから「空」なのです。

また、何度も述べるように、「あの世」には時間もたたみ込まれています。つまり、時間がありません。時間のない世界には、老いも死もありません。『般若心経』には、「不生不滅」「不増不滅」という言葉でこれが書かれています。

したがって、「色即是空」というのは、目に見える「この世」と、すべてがたたみ込まれた、目に見えない「あの世」が表裏一体になって、一つの宇宙を形成している、という意味に解釈できます。これはまさに「ホログラフィー宇宙モデル」そのものにほかならないでしょう。

ボーム自身、仏教の「空」の思想の深さを知って感嘆し、次のように書いています。

仏教における「空」の思想は、すべてのものの究極の本質は空である、ということで

しょう。事物は、それ自身の本質から生じるのではなく、すべてのものは相互依存的な関係のなかで、全体から生じ、また全体へ回帰するわけで、これは「暗在系」の考え方とほとんど同じです。

「ホログラフィー宇宙モデル」の概念と同じことが、しかもわずか何文字かで、『般若心経』に記述されている。これは、実に驚くべきことではないでしょうか。私は、こういった事実を仏教界の人々にぜひ知っていただきたいと思うのです。そうすれば、仏教というものは、もっと光り輝くような存在になっていくでしょう。

ある哲学者が、かつて「現代なき仏教」ということをいいましたが、仏教も過去ばかり追うのではなく、新しい発展の可能性に目を向けてもよいのではないでしょうか。

「あの世」がわかると世界観が一変する

以上、「あの世」について、いろいろな角度からその本質をとらえようと試みてきました。「あの世」のイメージが少しはクリアになってきたでしょうか。

私は、たとえば「死後の世界」について、以前はこう考えていました。死というのは、くり返すことができないために、客観的な実験では証明できない現象である。したがって「死後の世界」があることも証明できないし、逆に「死後の世界」がないことも証明できない、と。でも、これは間違いでした。「死後の世界」という概念をもつこと自体が間違っていたのです。

何度もいうように、「あの世」には時間がありません。時間がないということは、死もないということです。ところが「死後の世界」といったとたんに、そこには時間が入ってきます。

ですから「死後の世界」は「あの世」にはありません。私たちが「この世」で生きていようと死んでいようと、そんなこととは無関係に「あの世」は存在しているし、私たちも常にそこで存在しているのです。まさに『般若心経』の「不生不滅」「不増不減」です。

したがって、「あの世」というのは、私たちが死んでからはじめて「よっこらしょ」と出かけて行くところではありません。生きているこの瞬間にも、私たちは「あの世」に存在しています。それも「空」として存在しています。

だとすれば、私たちにとっての主体は、「この世」ではなく「あの世」なのです。

私たちがこうして肉体をまとって「この世」に生まれてきたというのは、ちょうど大海からちょっとあぶくが出てきたようなものでしょう。もちろん大海が「あの世」で私たちがあぶくです。そのことをよほどしっかり理解しないと、あぶくの分際で海を語ることはできません。主体はあくまでも海なのです。

ところが私たちは、「この世」で生活している自分だけがすべてだと思っています。普通の状態では「あの世」に存在する自分を知ることができません。それは当然のことなのです。「あの世」は「集合的無意識」であり、したがって「あの世」の自分は、普通の状態では知覚できない自分、しかも「空」として存在する自分なのですから。

第3章

否定的感情をはずせばカルマはなくなる

思いは「ゆらぎ」のなかで実現する

前章のなかで、「あの世」の問題と関連させて、想念は実現するという話をしました。しかし、いくら想念は実現するといっても、日常のレベルでは、思いのすべてがまったくそのまま実現されるわけではありません。

たとえば、前章で紹介した雲を消す話でいえば、ある程度想念の力が強い人、あるいは想念の力を信じている人だと、積雲ならほとんど一〇〇%消すことができます。したがって、雲を消すということに関していえば、想念の力は確実に発揮されているわけで、これは偶然に起きる現象ではありません。

ところが一般的にいうと、想念の力は、雲を消すように、ほぼ確実に発揮されるわけではありません。例として、サイコロの実験を考えてみましょう。想念の力の非常に強い、超能力者といわれるような人がサイコロを振っても、自分の思いどおりの目を毎回出せるわけではなく、出る目は偶然の結果のようにしか見えません。統計的に処理することによって、確かに想念の力が働いているということが証明できる。その程度です。

ましてや一般の人だったら、それこそ何千回という実験をし、それを統計的に処理してはじめて目の出方にかたよりがあるということがわかる、といった程度でしょう。

つまり想念の力は、一般には直接的にパッと発揮されることはなく、やはり一見ランダムに見える現象のなかの「ゆらぎ」として発揮されている。私たちが想念の力として観察できるのは、その程度の現象なのです。

もちろん、観察できないところでどうなっているかはわかりませんし、カルマの法則がいっているようにすべてが必然なのかもしれません。ただ、あらわれる程度はどうであれ、少なくとも私たちが観察している限りでは、サイコロの実験からもいえるように、一見ランダムに見える事象のなかに想念の力がたたみ込まれていく。これは否定できない事実なのだといえるでしょう。

しかしその一方で、想念が実現するということを意識して毎日を過ごし、観察していると、不思議と想念が現実になっている現象を身のまわりで経験するようになってくるようです。

そう信じてよく観察してみると、自分でも驚くほど想念の力は強いような気がします。瞑想法などを修行して、意識のもっと奥深いところから想念の力が発揮できるようになると、それはさらに強力になります。

しかし、精神性が向上しないで力だけつくような中途半端な修行は、いろいろな問題を生じかねません。いい想念が実現するだけなら問題はないのですが、困るのは否定的な想念も同じように実現してしまうことです。

たとえば「こうなったらいやだな」という不安感や恐怖感を強くいだくと、その想念は実現します。「ガンになりたくない」と強く思うと、それがガンになる要因になるかもしれません。うめぼしを思い出すと口のなかに唾《つば》がわいてきますが、「うめぼしを思い出さないでください」といわれても、やっぱり唾がわいてくる。それと同じようなメカニズムといったらわかりやすいでしょうか。

病気も事故も自分が引き寄せている

このように、想念は実現するというメカニズムはかなり複雑なようですが、私は、人生は自分たちの想念が実現することによって成り立っている、と思い切って断定してもいいのではないか、とさえ考えています。つまり、非常に深い意識レベルで思ったとおりの人生を、私たちは営んでいるということです。

病気の人は病気になることで、交通事故に遭った人は交通事故に遭うことで、自分の人生を表現しているのだといえます。いろいろな不幸も幸福も、すべて自分の深い意識レベルの「想念」が実現しているだけなのです。

「思いどおりの人生？　とんでもない。好きこのんで自分の病気や不幸を願うばかがどこにいるかね」

ほとんどの人がそう思うでしょう。

自分の不幸を願う人は、もちろん誰もいません。幸福で豊かな、ゆとりある人生を誰もが願っているはずです。

でも、それは表層意識のレベルです。

より深い意識レベルのことは、一般の人には何もわかりません。悟りを開いたような特別な人は別として、普通の人間は表層意識と深層意識との間に、超えられない大きなギャップがあります。意識の表面で思ったことと深いところで思ったことがぜんぜん食い違っているわけです。

表層の意識は、病気になってしまったりして、私はなんて不幸なんだろう、なんてつらいんだろう、と思っています。でも、深層の意識では、何かの目的で病気になることを望んでいて、その思いどおりのことがどんどん実現している。これが私たちの人生なのだと思います。

しかし、こういった深い意識レベルの問題になると、相当にトレーニングを積んでいかないと自分ではなかなかコントロールできるものではありません。

たとえば、第1章で少しふれたアメリカの成功哲学では、金持ちになりたかったら派手に着飾って超一流のレストランで食事をしなさい、と教えています。「自分は金持ちだ」という思いを強くもつことで、それが実現していくというわけです。借金をしてでも、とびきり豪華な体験をし、「これが私の真の姿だ」と自分自身に思い込ませる。潜在意識のどこまで深くその意識が浸透できるかには個人差があるでしょうが、それでも、ただ金持ちになりたいと思うよりは、少しは深いレベルの意識で自分が金持ちだと納得することができる、というのがノウハウとなっているわけです。

本家本元のヴェーダ哲学から見れば、アメリカの成功哲学などというのは「ままごと」みたいなもので、仏教的にいえば煩悩《ぼんのう》の火をたきつけるばかりのアメリカの成功哲学がいいかどうかはかなり疑問です。だが、こういったトレーニングを積んでいけば、意識の深いレベルまで、いつかは自分の思いが到達できるかもしれません。

こうして表層の意識と深層の意識のギャップが小さくなってくると、表面の意識で思ったとおりのことが実現していくように感じられます。そうなると、あたかも自分が変わったように見えてくるものですが、それは本質的には何も自分が変わったわけではありません。

もともと、私たちは深層意識で思ったとおりの現実をつくっていたわけですから、そこのところは前と同じなのです。ただ、それまでは深層意識と表層意識が食い違っており、自分の思いどおりの人生ではない、と悩んでいただけなのです。ギャップが小さくなると、両者の食い違いも小さくなるので、すべてがスムーズに見えてくるのです。

そして、やがてしだいに表層意識と深層意識とのギャップがまったくなくなり、両者が完全に一致してくると、これはまさに悟りを開いた状態となるわけです。もちろん、そういう人はめったにいるわけではありません。でも、本当にそこまで行き着いてしまうと、病気になる必要など、なくなってしまいます。わざわざ病気をしてまで自分に何かを気づかせるようなことは、必要がなくなるわけです。その意味で、病気というのは、やはり一つの自己表現といえるでしょう。

いまを変えると過去のトラウマも消える

病気も失恋も、みんな自分でつくっているのだ、といいましたが、なぜそれを自分自身でつくらなければならないか、ということが問題になります。

たとえば、否定的な感情の原因の一つにトラウマ（心の傷）があります。幼児期に親から存在を無視されたり、虐待を受けると、それがトラウマとなって残ることがあるのです。三歳までに受けたトラウマが成人になってからの精神分裂病の原因になる、といったのは、有名な人類学者・精神医学者のG・ベートソンですが、これがいま精神病理学のほうではほぼ定説になっているようです。

トラウマをもった人たちは、過去の記憶が失せたり、悪夢の再現に悩まされたり、自分の体を傷つけたり、人格が分裂したり、人間関係がうまくいかなくなったり、ものすごい苦しみを味わったりします。自分で自分の記憶を必死に消そうとするから、成人して精神的な障害があらわれても、その原因がなかなか突き止められません。

その原因を明らかにし、根本的な治療に役立てようという方法の一つに、退行催眠による「前世療法」があります。脳神経外科医の渋谷直樹さんが、退行催眠を使った次のような実験例を紹介しています。

お父さんとの関係がうまくいっていない人がいました。子どもの頃にお父さんが厳しかったようです。両親から十分な愛情を受けて育たなかった人は、心の成長が止まって、いわゆるアダルトチャイルド、心は子どもでかたちだけが大人という状態になってしまいます。お父さんが子どもを愛せないということは、お父さん自身がまたアダルトチャイルドであり、それは彼を育てたお祖父さんもまたアダルトチャイルドだということです。

ところがその人が、そうしたお父さんを許してあげると、お父さん自身の魂が成長します。つまり、成熟した魂をもったお父さんから愛情をたっぷり受けて育ったことになるわけです。過去を変えてしまうわけです。するとこのお父さんの魂はお祖父さんに感化して、お祖父さんの魂も変わってしまいます。つまりその人が変わるだけで何代も前の魂がドミノ倒しのようにみな変わってしまうのです。

不思議なのですが、こうして魂を成長させてからもう一度前世を出してみると、前世自体も変わっていました。前世で彼はお父さんと恋敵で、ある人をめぐって争っていたのですが、彼を許すことで傷ついたインナーチャイルドは癒《いや》され、悲しい前世はハッピーエンドの人生に変わってしまったのです。

要するに渋谷さんは、現在を変えればすべてが変わる、前世もカルマも関係ない、といっているわけです。ちなみに渋谷さんは、治療のために退行催眠を行っていたわけではありませんし、いまではまったく退行催眠はされていないそうです。

このように、幼児期に受けたトラウマが、父親を許すことによって、自分のトラウマだけではなく、何代にもわたって消えていく。何とも不思議なことですが、もしこういった退行催眠時の証言が正しいとすれば、自分の現在の傷を癒すと、過去の何代にもわたる先祖の心の傷まで癒えていくということになってしまいます。

父親を許すということは、自分を許すことと同じだと思います。心の底から父親を許すことによって自分の傷が癒えていく。許せなければ、そのまま傷として残ってしまうのではないでしょうか。

それは、自分の計画どおりの現実を自分で映しているということにほかなりません。失恋をくり返している人は、自分の心の非常に奥深いところで失恋を計画しているということになるわけです。そこには、そうならざるをえない何かがあると思います。それが、結局、宗教でいうカルマなのではないでしょうか。

すべての原因が、自分の内側にあります。誰かのせいということは、いっさいありません。自分の心の奥底でそれをつくっているわけです。自分の深い意識レベルのなかに、否定的な感情があり、それを外側に映している。したがって、それを取りはずしてやれば、そういう悲しい現実が外側に起きなくなるはずです。

心のループが現実をつくり出す

ここで、プロローグで述べた「カルマの法則」というものについて、あらためて考えてみることにしましょう。

カルマとはサンスクリット語で、行動、行いを意味します。また、想念という意味も含まれています。一般にカルマの法則というと、単純な行為・行動という意味よりも、むしろ「業《ごう》」といった意味で理解されており、悪いイメージをともなっていますが、本来は善悪の区別はありません。

私たちは、日常いろいろな行いをし、いろいろな想念をいだきます。それらは、宇宙に放射され、やがて必ず自分に戻ってくる。これがカルマの法則です。因果応報と同じ意味と考えていいでしょう。

カルマの法則が正しいとすれば、私たちが他人から受ける行為は偶然ではなく、すべて過去の自分の行いや想念がはね返ってきたものだ、ということになります。たとえば電車のなかでたまたま誰かに足を踏まれたとしたら、それは偶然ではなく、自分の過去の行為や想念が生んだ必然の結果だということになるわけです。

しかも、自分に戻ってくるときは、直接その相手からではなく、まったく別の人から戻ってくる。足を踏んだ人は、私にただそれを伝えるために、たまたま選ばれただけだというのです。ところが、その人は私の足を踏んだという行為をしてしまったので、今度はその人に、いつの日か別なかたちでカルマの報いが返っていく。それをその人に伝えるために選ばれるのは、またまったく別の人である。世の中は、そういう非常に複雑怪奇な因果応報のネットワーク構造になっている、というのがカルマの法則です。

カルマの法則については、仏教でもヒンズー教でも同じようなことをいっています。だから、カルマを解消するために陰徳を積みなさいというわけです。陰徳を積むというのは、人に知られないように徳を積むということで、かりに徳を積んでも、それをしゃべってしまったら、徳が抜けてしまいます。しかし、誰にも知られないように徳を積むと、それがめぐりめぐって戻ってくる。それが、この教えの背後にあるわけです。

普通、私たちは、自分の身のまわりで起こることはすべてが偶然だ、まったくランダムにいろいろなことが起こるのだ、と考えています。でも心の底では、それは偶然ではなく、実は必然なのではないかと感じている人も少なくありません。心のどこかでカルマの法則を信じている人が多いのは、そのあらわれでしょう。自分に起こるすべてが必然であり、偶然のものは何一つないというのが、まさにカルマの法則なのです。

さきほど、病気や失恋などの不幸も自分の深いところの否定的な感情が実現したものだという話をしました。このような現象をカルマの法則から解釈すると、どういうことがいえるでしょうか。私は次のように考えています。

自分は不幸だ、という表層意識での嘆きは、病気になることを望んでいる深層の意識との葛藤から生じます。それは両者の食い違いから生じた葛藤にすぎません。別ないい方をすると、病気になったということは、深層意識で思っていることが忠実に実現されるだけであって、幸福とか不幸とかとは別な中立の事実であり、それを不幸だと思うのは、表層意識の解釈の問題だともいえます。これは、病気だけではなく、失恋のような悲しみについても何についても、すべてに関していえることです。

要するに、否定的な感情が実現するということは、想念の力が実現されるのと同じように、私たちの無意識レベルにある否定的な感情が目の前に事象として実現することです。それを私たちの表面的な意識が確認し、「いやだな」とか「悲しいな」といったレッテルを貼って、泣いたり、怒ったり、嫉妬したり、不安になったりするわけです。つまり、非常に深いところから出てきた否定的な感情を表層の意識が確認し、それを心に収めてしまうことで一つのループ（輪）ができてしまう。私たちは、そういうループを常に心につくり、くり返しまわしているのではないでしょうか。

ひょっとすると私たちは、このループのことをカルマの法則といっているのかもしれません。たとえば、深層に否定的な感情があり、それが出てきて、電車のなかで誰かに足を踏ませてしまうとします（ループに沿って解釈すると、踏まれるのではなく、踏ませてしまうわけです）。ところが私たちは、そのとき「こんちくしょう、足を踏みやがって」と、表層意識で確認する。そのことでループができるわけです。

また、踏んだ人は踏んだ人で、足を踏んでしまったという意識が、別のループとなって心のなかにからまっていく。これが、ループにあてはめて考えてみたカルマの法則の別の解釈ですが、このように自分の心のなかのループが、私たちにはカルマの法則のように見えているのではないでしょうか。

カルマとは意識が決めた約束事

ところが、ニュー・サイエンスの視点から見ると、もう少しその奥がわかってきます。つまり、カルマの法則がもし本当に存在するなら、それは人間の「集合的無意識」が決めた約束事ではないだろうか、ということになるわけです。要するに、宇宙はカルマの法則によって成り立っているのではなく、それはほかならぬ私たち自身が決めた約束事だということがわかってくると思うのです。

たとえば、いま私たちは表層の意識レベルでいろいろな約束をしています。

お金という概念も、それを中心とした経済システムも、人間の表層意識が決めた一つの約束事です。私たちの意識は常にお金にとらわれていて、お金や貨幣経済の枠組みからなかなか逃れられない。無人島に行くか、駅の地下道で段ボールのなかに住めば簡単に逃れられるはずですが、それもなかなかできません。

世の中は、このような人間の表層意識が決めたたくさんの約束事で成り立っています。しかし、もっと奥を見ると、深層意識、あるいは集合的無意識が決めた約束事で成り立っているところもたくさんあります。

表層意識が決めた約束事でもかんたんにはそこから逃れられないのですから、深層意識が決めた約束事から逃れるのはもっと大変です。それがあたかも宇宙の法則のように感じられたとしても不思議ではないでしょう。私たちは「集合的無意識」のレベルで決めた約束事のなかにどっぷりつかっているのです。

カルマの法則もその一つといえます。ただし、時間のない「あの世」には原因と結果がありません。原因と結果は、時間の経過があってはじめて成立します。つまり、「あの世」

には因果律がないのです。したがって、「あの世」には、カルマの法則はありえません。カルマの法則は、「この世」に出てきたときにだけ成立する法則です。その意味で、カルマの法則は、それほど根源的な法則とはいえません。

「あの世」の科学の視点で、サイエンティフィックに時間のない世界のことを考えると、前世、現世、来世と、綿々とつづく輪廻転生の一つひとつの人生は、「あの世」では全部ぐしゃぐしゃに重なっているわけです。

前世も来世も「あの世」ではいっさい区別できません。これはものすごい、想像を絶する世界です。したがって、因果応報も前世のカルマも超越した一つの存在として、「あの世」は定義されます。

それから見れば、カルマの法則などというのは、どちらかというと、時間のある「この世」の世界に出てくるときの約束事にすぎないということになるわけです。

すべては「気づき」のために起こってくる

カルマの法則が人間の「集合的無意識」が決めた約束事ならば、それをはずすことは可能でしょう。

私たちの身のまわりに起こる事象には、本来、まったく肯定的な意味も否定的な意味もありません。それは、幸福とか不幸といったことから切り離された中立的なものです。そういう中立的な事象を、いま述べたように表面的な意識で「いやだな」と確認することでループが形成され、カルマの法則のなかに入っていってしまうわけです。

そうであるならば、カルマをはずすための最初のステップは、まずそのループを断ち切ることだということになるでしょう。

意識して断ち切ることはむずかしいかもしれませんが、そのために必要なことの一つに「気づき」があります。たとえば、病気になったときに、「病気になったおかげでこういうことに気づくことができました」と、病気になったことを嘆くどころか、むしろ病気になったことによる「気づき」に感謝するようになってくることがあります。

松原泰道師の『わたしの般若心経』（祥伝社刊）という本に、肺ガンになったおかげで如来様の説法が自然に聞こえてくるようになったと感謝している人の例や、ハンセン病になったことが逆に自分に生きがいを与えてくれたと感謝している人の話が紹介されています。

たとえば後者は、ハンセン病になって失明したばかりか、手足の指先にも知覚麻痺が起きた人です。ハーモニカと出合って患者さんだけの楽団を組織し、大都市で公演するまでに発展していくのですが、この人は楽譜を目で読むことも、点字にして指先で読むこともできません。そこで舌先で点字を読みながら作詞したりしました。それでもこの人は、自分から何もかも奪っていくハンセン病のおかげで、唇と舌で音譜が読めるようになり、そのことで人に喜んでもらえる。ハンセン病が自分に生きがいを与えてくれた、と感動的な言葉を残しているのです。これが「気づき」です。

結局、不幸や悲しみと解釈されるあらゆる現象も、もっと深い意識レベルの想念が実現したものであり、その現象が表に出ることによって、気づくべき何かが生まれてくるのだということになるのかもしれません。だとしたら、その何かに気づくことこそが大事でしょう。それによってループが断ち切られていくだろうと思われるからです。

それが、カルマの解消ということになるのではないでしょうか。

心のなかにあるパンドラの箱を開けよう

では、具体的にはどうすればカルマをはずすことができるか、さらに考えてみましょう。

その方法とは、ひと言でいえば、私たちの心の奥底にある否定的な感情をなくしていく、ということだろうと思われます。

ギリシャ神話にある「パンドラの箱」の物語はよく知られています。パンドラは、ギリシャ神話の最高神ゼウスによって地上に送られた最初の女性ですが、ゼウスはパンドラを人間界にもたらす際に、「決して開けてはならないよ」といって、あらゆる災いを封じ込めた箱をもたせました。開けてはならない箱なら最初からもたせなければいいと思うのですが、神様のすることはよくわかりません。

開けちゃいけないといわれれば、開けたくなるのが人情というものです。浦島太郎もそうでした。パンドラもやはり箱を開けてしまったのです。そのため、病気、飢え、貪欲、憎悪、猜疑《さいぎ》、嫉妬、怒り、悲しみなど、あらゆる不幸の種が箱から飛び出してしまいました。パンドラはあわててフタを閉めましたが、もう間に合いません。それ以来、人間界には不幸が絶えなくなってしまったというわけです。

「しかし」とこの神話は、締めくくられています。「急いでフタを閉めたおかげで箱の片隅に小さな光る石が一つ残りました。その石にはかすかに〈希望〉という文字が書かれていました」と。寓話として非常によくできたお話だと思います。

まさかパンドラが箱のフタを開けてしまったせいではないでしょうが、「この世」には確かに恨みや憎しみや嫉妬や怒りなどの、いわゆる否定的な感情が充満しています。

こういった否定的な感情は、決して私たちの意識の表面からだけ出てくるわけではありません。それは意識のかなり奥深いところにもエネルギーとしてストックされています。中国の気功では、このような人間の否定的な感情を「邪気」と呼んでいます。

実は意識の内側に蓄積されているこの邪気こそがカルマの原因ではないのか、と私は考えているのです。つまり、私たち自身が意識のかなり奥深いところにパンドラの箱をもっていて、ときどきフタを開けては邪気を外に出している。その邪気が実現して「この世」のいやな現象がいろいろ起きているのではないか、と私は思っているわけです。

私たちは、怒りの感情がこみ上げてくると、「あいつがこんなことをいうから腹が立つんだ」と思います。あるいは悲しくなると、「あんなことが起きるから悲しくなるんだ」と嘆くわけですが、どうもそうではなさそうなのです。自分の外側に起きた事象によって否定的な感情が生まれてくるのではなく、私たちの意識の内側に否定的な感情があるから、その感情に応じた現象が外側に起きるのではないか。そう考えられます。

これは一般常識とはまったくかけ離れているので、ちょっとわかりにくいかもしれません。でも、さきほど述べた仏教の唯識論とかヒンズー教のヴェーダーンタ派の考え方が本当だとすると、「この世」のあらゆる現象は、私たちと関係なくそこに起きるのではなく、私たちの意識の底のほうから出てきた想念が実現した結果、起きるのだということになってくるのです。

たとえば、私たちの心の奥底に怒りの感情があると、その怒りが出てくるような現象が外側に実現する。心の奥底に悲しみがあると、その悲しみが実現するような現象が外側に起きる。つまり、そういう現象は、ほかでもない自分自身がつくっているわけです。あいつがこんなことをいったから腹が立ったのではなく、自分の怒りが内側にあり、それがこみ上げてくるからあいつにそういうことをいわせたということになってしまうのです。

ちょうど映写機でスクリーンに映像を映すように、自分の心の内側で起きていることがすべて外側に映し出されるわけです。

このように、内側にストックされている否定的な感情のエネルギーが発揮されることによって、いろいろな現象が一つのカルマの鎖として起きてくる。つまり、自分にかかわるあらゆる現象はすべて自分の内側から発生している。そう考えると、カルマの法則も理解しやすいのではないでしょうか。すべてが自分の内側で起きていることだと考えれば、自分の行為の結果がまったく関係のない別の人から戻ってきたとしても、少しも不思議はないでしょう。

もう少し深くいうと、自分の意識の奥底で思うことというのは、集合的無意識ですべての人々とつながっています。自分一人が思っているのではなく、すべての人々が共通に思っているわけです。世の中の森羅万象《しんらばんしょう》はすべてそこから出てきています。つまり、この世のみんなが宇宙をつくり、すべての現象を生み出しているといえるわけです。

カルマを消していく秘法はこれだ

以上のように、もし意識の非常に奥深いところにもっている想念が実現して、いろいろな現象が起きるのだとすれば、逆に今度は、内側に蓄積されている邪気をはずしていったらどうなるでしょうか。カルマもなくなるし、自分にとって悪いことも起きなくなるはずです。怒りの感情をはずしていけば、怒りがこみ上げてくるような現象が自分の外側に起きなくなる。悲しみの感情をどんどんはずしていけば、悲しみにうち沈むような現象も外側に起きなくなる。当然そうなるはずです。そのとき、はじめて〈希望〉という文字が書かれた小石が私たちの心のなかで輝いて見えてくるのではないでしょうか。ここに、邪気をはずしていくことの重要な意味があると思うのです。

でも、邪気をはずすなどということが、はたしてできるのでしょうか。私は、できると考えています。

サイコセラピーという最近の精神療法には、こうした否定的な感情のエネルギーをはずす手法が見られますし、また、私はこの何年間か、チベット密教、気功法、瞑想法、あるいはニューエイジ系のセミナーなどいくつかの重要なトレーニングを受け、それぞれから大きな影響を受けました。そこで学んだ方法などを考え合わせると、根本的に邪気をはずすことは可能だと思えてくるのです。

では、どうしたら邪気をはずせるでしょうか。あるいはうまくはずれるでしょうか。

まず、もっとも重要なことは、自分の感情を無理に抑え込まないことでしょう。怒りでも悲しみでも、否定的な感情が表に出てきたときには、逆にそれをはずすチャンスだと思ってください。せっかく出てきたのを、ぐっと歯を食いしばって抑え込んでしまったら、心の奥底にいままでよりもさらに強く固着してしまうでしょう。

怒りや悲しみの感情が出てきたら、抑え込むのではなく、「自分はいま邪気をはずしつつあるんだ。うまくはずれれば、これまでより楽に生きられるようになるんだ」と自覚することです。怒りや悲しみに色やかたちをつけてみて、それが体から離れていくさまをイメージするのも有効かもしれません。各自で、どういうイメージングをしたらはずれやすいか工夫するとよいでしょう。

それには、「もう一人の自分」を認識することです。感情にまかせて怒りや悲しみを発露している自分とは別に、その自分を冷静に観察しているもう一人の自分、邪気がはずれようとしているさまを自覚している自分を、しっかりと認識することです。

俵万智さんの、こんな短歌があります。

泣いている　われに驚く　われもいて
恋はしずかに　終わろうとする

失恋というのは、つらいものです。でも、俵さんのすごいところは、泣いている自分を冷静に客観的に観察し、驚いている「もう一人の自分」を、ちゃんと自覚していることです。たぶん、この短歌をつくったときには、俵さんの悲しみの感情も、きれいにはずれかけていたのではないでしょうか。だから恋の終わる様子を「しずかに」と表現できたのだと思います。

これは松原泰道師から教わったことですけれど、「坐禅」（今日の日本語表記では「座禅」）の坐という字は、土の上に人を二つ書きますが、これは自分がもう一人の自分と対座し、対話しているという意味なのだそうです。

否定的な感情や煩悩にあふれ、外側の事象に振りまわされている自分のままでは、いつまでも精神の自由は得られませんし、つらい現実は変わりません。その意味で、そういった自分を冷静に、客観的に、しかも「温かく」見守るもう一人の自分——これは、注意深く探せば必ず存在します——に気づくことは、とても大切なことなのです。

自分自身を温かく観察するというのは、自分を否定せず、肯定して見守るということです。いい換えれば、ありのままの自分をそのまま認めてあげるということです。

もちろん、どんな人でも、悲しみの感情は汲めども尽きないほどもっているでしょうから、一回それがはずれたぐらいでは、心に何か変化があったとは自覚できないかもしれません。でも、これを何回も何回もくり返していれば、だんだん体のなかから悲しみの感情が減っていき、結果として、失恋のような悲しくつらい現象は発生しにくくなっていくはずです。

あるがままに生きることが大切

以上のことを踏まえていえば、「ポジティブな発想をしなさい」というのは、私にはあまりいいメッセージだとは思えません。ネガティブな発想をしている人に無理にポジティブな発想をしなさいといっても、かんたんにそうはなれないだろうと思います。表面的な意識レベルでポジティブになろうと努力しても、徒労に終わることのほうが多いでしょう。否定的な感情を無理やり抑え込むことによって、かえってそれが心の奥底に強く固着してしまう可能性があるのです。

むしろネガティブな見方をしていたら、そういう自分を認めてあげることが大事なのではないでしょうか。もう一人の自分が天井あたりから見下ろし、「お前はいまネガティブな見方をしているな。そう思いたかったらそのままでもいいんだよ」といってあげたほうが、否定的な感情は、はずれていくような気がします。

要するに、「自分自身を常に肯定する」ことが重要なのです。

自己を否定すると、否定的な感情は、しめたとばかり心の奥底にしっかりと固着し、それをはずすチャンスは再びめぐってこなくなるでしょう。それはちょうど、モグラ退治をするとき、モグラがまだ地面から顔を出さないうちに叩いてしまうようなものです。そんなことをしたら、モグラは地中深く姿を隠し、なかなか姿をあらわさなくなります。

自己否定が外側にあらわれるもっとも典型的な現象が「病気」です。病気の原因が細菌やウイルスだと考えるのは、間違いとはいいませんが、あまりにも表面的でしょう。体というものは細菌やウイルスがうじゃうじゃと満ちあふれた環境のなかで、健康に生きていけるようにできています。そのしくみを担っているのが、主として「免疫系」と呼ばれるシステム、たとえていえば外敵にそなえる防衛隊のようなものです。

ところが、自己否定に陥ると、この防衛システムをどうやら自分で解除してしまうらしいのです。それで細菌やウイルスに対して無防備になり、感染してしまう。そういうメカニズムになっているようです。

私たちの体というのは、深いレベルの「無意識」によって、コントロールされていますから、自分で自分を否定してしまえば当然、防衛の必要がないという結論になってしまうのでしょう。

やはり、あるがままの自分を常に肯定するということが大事なのではないでしょうか。

神経症の有名な治療法に「森田療法」というのがあります。入院治療する場合は、一週間ぐらいは患者に何もさせないで寝かせたままにしておくのだそうです。そうすると、やみくもに何かをしたいという欲望が患者の心に自然にわき上がってくる。そのときになって、まず小さい作業をしてもらいます。すると、作業に熱中しはじめ、やがて大きな作業にも夢中になって取り組むようになる。そうしているうちに患者の心のなかに大きな変化が生じてきます。それまでは、自分の神経症を懸命に否定し、抑えつけ、苦しんでいた人が、感動をもって作業に取り組むことによって、神経症を受け入れ、あるがままの自分を肯定できるようになっていくというわけです。神経症の苦しみは、それでしだいにはずれていく、というものです。

私は、この「あるがまま」の自分を肯定するというところが非常に大事なのだと思います。ビートルズのヒットナンバーではないですが、要するに「レット・イット・ビー」が大事なのです。ちなみに、ビートルズは瞑想を実習したことがありました。そのときに受けた「何事もあるがままに」という教えが、「レット・イット・ビー」というタイトルになったのだそうです。

大きな流れに身をゆだねてみなさい

あるがままの自分を認めるということは、ある意味では大きな流れに身をまかせるということとも、どこかでつながるかもしれません。そうだとしたら、自分の意志で無理に流れに逆らうのではなく、むしろ流れにゆだねるということが、楽に生きるための一つのポイントになるだろうと思います。

力を抜いて大きな流れに身をゆだねる。そうすれば確かに、非常に少ないエネルギーですべてがスムーズにうまくいくものです。大きな流れに逆らい、肩に力を入れて頑張ってしまうと、エネルギーのロスになるだけで、成果はさほど上がりません。

たとえば、私事で恐縮ですが、私はコンパクト・ディスク（CD）の共同開発者ということになっています。これも無理にそうなったというのではなく、いわば流れに身をゆだねた結果といえるでしょう。

私は、入社して三年後、会社から東北大学への三年間の留学を命じられました。留学のテーマはアンテナの研究です。でも、所属した研究室が通信専門だったので、一般的な通信理論のゼミにも顔を出していました。専門のアンテナとは直接関係はなかったので、いわば興味本位でしたが、そこで一応身につけたデジタル通信理論が、まさにCDにとってはいちばん重要な理論であったわけです。それから、東北大学から帰って、しばらくの間CAD（キャド＝コンピュータ・エイデッド・デザイン）の仕事をしていたので、チーム内にコンピュータの専門家を大勢抱えていたのも、CDの発明に大いに役立ちました。

一見、まわり道に見えるこれらの時期がなかったら、CDは生まれなかったわけです。こういったお膳立ては、自分で準備してできたわけではなく、不思議なことにすべて自然に準備されていたのです。私は、そういった流れに身をゆだねていたにすぎません。

そういったことに気がつくと、人生がすごく楽になります。そういう大きな流れに自分をゆだねていると、ほんのわずかなエネルギーで大きな仕事ができます。流れに逆らって何かをやろうとすると、ものすごいエネルギーを使いながら、何事もうまく運びません。自分が擦り減るだけでしょう。

ふだんから、なるべく肩の力を抜いて、自分自身に素直になる、本当の自分自身につながっていく、あるいは、より純粋になっていく。そうなることで全体の風の流れを感じることができるようになるのではないでしょうか。

たとえば、同じ時間に会社のミーティングが予定されていて、出たい会合に出られないことがあります。ところが、そのときになって突然、会社のミーティングがキャンセルされ会合に出られるようになる。こんなとき、よくニューエイジの人たちは「呼ばれた」というういい方をします。

つまり、宇宙の意志が自分をガイドしてくれることを「呼ばれる」といっているわけですが、宇宙が出しているいろいろな信号を敏感に受け止め、それにしたがっていると、必要なときに必要な人に会え、必要なことが起きて、やることなすことすべてがとんとん拍子にうまくいく。それがニューエイジの人たちの考え方です。

確かに「自分たちは宇宙に愛されているのだから、悪いほうにいくわけがない」といったように、信頼して宇宙の流れにゆだねていれば、非常に楽になるだろうと思います。そのためには、「自分は宇宙に愛されているんだ」という自覚がいちばん大切でしょう。自己を否定したのでは、そういった自覚は望めません。

たとえば病気になっても、「病気になってしまった」と嘆くのではなく、「これも何か意味があるのだろう」と、病気の自分を認め、あるがままの自分を認め、自然の流れにゆだねていく。そうすれば、運もおのずと向いてくるものです。

もう一つ、自分が本当にやりたいことに対しては、誰でもわくわくします。それも宇宙の信号でしょう。つまり、二つの仕事があり、一方がいやな仕事でもう一方がわくわくする仕事なら、そのときはわくわくするほうを選びなさいということなのです。

その意味では、自分が本当に何をやりたいかという声をキャッチすることが、宇宙の信号をキャッチすることにつながります。上役の意向を気にしたり、友情や義理を気にしたり、浮世のしがらみにしばられて自分のやりたいことを我慢していると、心のメッセージが読み取れなくなってしまいます。自分の心の奥底からの声、それが宇宙からの指示です。その声に耳を傾けることです。

結局、本当の自分自身につながっていれば、何にもじゃまされずにメッセージがやってきます。そして、本当の自分と完全につながった人というのは、悟りを開いた人です。普通の人はそういうわけにはいきません。

でも、人間は本来、みんな非常に細い糸で本当の自分自身とつながっているのではないでしょうか。にもかかわらず、日常そういうことに関心をはらわず無視していると、糸はますます細くなり、結局は切れてしまいます。そこに待ち受けているのは、非常につらい人生ということになるでしょう。

逆に、その細い糸を頼りに一生懸命自分の内側からのメッセージに耳を傾けていると、細い糸もしだいに太くなっていき、宇宙の信号も素直にキャッチできるようになっていくのではないでしょうか。

以上が「邪気」をはずすための原理というか、心得のようなものです。わかりやすく要約すると、次のようになります。

①自分の感情を無理に抑え込まない。
②もう一人の自分を自覚する。
③あるがままの自分を肯定する。
④邪気をはずしつつあると観察する。
⑤邪気をはずすための儀式を考える。
⑥流れに身をまかせる。

⑦わくわくすることをやる。

これらは、「ピアノの弾き方」でいえば、初歩の理論編というところでしょうか。次の第4章では、その実技編として、かんたんな瞑想法についてふれてみたいと思います。邪気をはずすには、瞑想法のほかにも、気功法、ヨーガ、呼吸法、坐禅などのすべての方法論が有効だと思いますが、それらについては、興味があるなら各自で勉強してみてください。

第4章

かんたん瞑想で身も心もすっきりする

瞑想は誰もがふだん経験している

私たちは、瞑想というと、何か特別な意識状態に入り込むことのように考えてはいないでしょうか。

実は、瞑想状態というのは、睡眠と同じように、人間にとってはごく自然な、なくてはならない状態なのです。

私たちは、知らず知らずのうちに瞑想状態に入っていることがあります。たとえば電車に乗っていて、体は眠っているけれども、あと何駅で目的の駅に着くかは頭でわかっている。あるいは休日の朝、寝床のなかでトロトロとまどろみながら、人の話し声や漂ってくるコーヒーの香りは、気だるさのなかでちゃんと意識している。これは、軽い瞑想状態とほぼ同じです。

したがって、瞑想状態というのは、決して特殊な意識状態ではなく、日常的に誰でも自然に経験している状態なのです。

ただ、私たちのほとんどは、瞑想をとくに生活のなかに取り込み、意識して行っているわけではありません。それどころか、瞑想状態を日常的に経験しているにもかかわらず、瞑想法というと何か特殊なものと感じたり、場合によってはうさんくさいものと感じたりする人のほうが、むしろ多いのではないでしょうか。

しかし、大昔の人々は、そうではなかったと思います。

太古の昔、日本でいえば縄文時代ぐらいまでは、おそらく人々はみんな自然と一体感をもった生活をしていたでしょう。そこでは、瞑想はごく自然に日常生活のなかに溶け込んでいただろうと想像されます。

前述のアボリジニたちもそうでしたが、その頃は、いってみれば全員が神官であり、巫《み》女《こ》のようなものでした。したがって、誰もが自然とつながっており、宗教というものはとくに必要なかったのです。

ところが、ある時期になって、人間は宗教という形式を発明してしまいました。それ以来、人々にとってごく自然であった瞑想も、宗教に携わるごく限定された特殊な人たちの営みになってしまったわけです。そのうちに、その特殊な人たちですら、きちんと修行しなくなったために、瞑想はいよいよ一般の人々から遠いものになり、日常生活から忘れ去られてしまったのではないでしょうか。

でも基本的に瞑想とは、ごく自然で、誰にでもかんたんにできるものです。瞑想中は気持ちがいいというだけではありません。瞑想することによって疲れもとれますし、軽い風邪ぐらいなら短時間の瞑想で治ってしまいます。

しかも、瞑想が生活のなかに入り込んでいる人生と、そうでない人生とを比較すると、明らかに人生のグレードに差が出てきますし、あるいは楽に生きられるようになるという点でも相当に違ってくると思います。

そして何よりも瞑想は、「あの世」と対話するための、あるいは本当の自分自身とつながるためのもっとも強力で直接的な方法なのです。「あの世」と対話したり、本当の自分自身とつながったりするというのは、「悟り」を開くということですが、瞑想は、そのためのもっともすぐれた方法論というわけです。

世の中には星の数ほど瞑想法があります。しかし、どの瞑想法でも基本的にあまり違いがありません。つまり「瞑想法に優劣なし」です。

ただし、いま一般に瞑想法といっているのは、瞑想の誘導法です。厳密にいえば瞑想法というのは存在しません。睡眠の誘導法はあっても睡眠法がないのと同じです。たとえば寝る前に熱いお風呂に入るとか、羊を数えるというのは、睡眠の誘導法であって睡眠法ではありません。同じように、一般に瞑想法といっているのは、瞑想状態に誘導するための方法論です。

そして、瞑想の誘導法と瞑想の内容は基本的に関係ありません。瞑想状態に入れるなら、どんな方法論によろうと同じことです。さらに瞑想に入ったあと、どのようにそれを深めていくかということは、個人の力量にまかされています。なぜなら、瞑想の内容を言葉や外見で伝えることができないからです。

いま瞑想を教えている人たちのなかには、「この方法が絶対だ」とか「他の方法は間違いだ」などといっている人もいるようですが、あまり真に受けないほうがいいでしょう。それはちょうど、睡眠の誘導法で、羊を数えるのがいいか、犬を数えるのがいいか、議論をしているようなものです。

どんな瞑想法でも、それなりにすばらしいものをもっています。ですから、瞑想をやるなら、坐禅でもいいし、ヨーガの教室でやっている瞑想法でもいいし、もちろん瞑想教室に通うのもいいでしょう。

ただし、恐怖心や強迫観念を与えるような瞑想教室や、高額なお金を巻き上げるようなところは避けてください。そもそも瞑想を教えてお金を取るというのは、睡眠を教えてお金を取るようなものでしょう。それほど瞑想は人間にとって自然なことなのです。場合によったら、サークルをつくって、みなさんで自由にやられたら、すごく楽しいのではないでしょうか。

もう一つ気をつけるべきなのは、宗教との関連です。

ほとんどの宗教は何らかのかたちで瞑想の方法論をもっています。それらは、教祖や歴代の指導者が命をかけて編み出したものであり、多くは信頼できるものであろうと思います。ですから、そのつもりで教わるぶんには問題はありません。しかしなかには、瞑想法の指導が宗教団体の勧誘の手段になっているところもありますので、注意が必要です。

むしろ、仏教やヒンズー教のようなまともな宗教が、宗教的な方法論であることを隠さずに堂々とやっている教室ならおすすめできます。禅宗のほとんどのお寺では坐禅会をやっていますが、これもすばらしいと思います。

ヨーガや気功法は元来、ヒンズー教や道教、神仙道といった宗教的色彩が強かったのですが、日本のほとんどの教室では、宗教色が消えて方法論だけを教えています。また、インドのヒンズー教の有名な派のいくつかが日本でも活動していますが、私の知る限りすばらしい内容を教えています。

脳内麻薬を出すのが瞑想の目的

瞑想法というと、日本では坐禅が有名です。ほとんどの宗教は何らかのかたちでこれを取り入れていますし、気功法の静功や、武道の鍛練のなかにも見られます。

それぞれがさまざまな方法論を説いていますが、いずれもいかに心身をリラックスさせ、雑念をはらうかということを、瞑想状態に入るための共通のテクニックとしています。

瞑想が深くなると、人間の脳のなかで「脳内麻薬」物質が分泌されることが知られています。分子構造はコカインやヘロインなどの麻薬に似ていますが、人間の体のなかで生成するものですから、麻薬のように神経がボロボロになってしまうような副作用はありません。瞑想をすると、大変気持ちがよくなったり、幻覚を見たりすることがあるのは、この物質のおかげです。

なぜ、この物質のおかげでそういうことが起こるのでしょうか。

人間の脳の前頭葉に、エー・テン神経と呼ばれる神経があります。人間の創造性や快楽を刺激する神経です。たとえば、「楽しい」とか「わくわくする」といった気分のときは、このエー・テン神経が興奮しており、人間にやる気や創造性を発揮させます。

この神経は他の動物にもそなわっていますが、貧弱すぎて人間のそれとはくらべものになりません。そういう意味では、エー・テン神経こそが人間を人間たらしめている神経だといえそうです。そして、この神経を興奮させるのが「脳内麻薬」なのです。

現在「脳内麻薬」は二〇種類以上も発見されていますが、なかでも非常に強力な「脳内麻薬」が、大ベストセラーになった『脳内革命』ですっかり有名になったβ―エンドルフィンで、その鎮痛作用はモルヒネの五倍以上もあるといわれています。瞑想を行うと、このβ―エンドルフィンなどの「脳内麻薬」が分泌され、ホンワカと気持ちよくなってきます。

それがもっと高じると、「意識の拡大」という現象が起きることがあります。これは瞑想中に恍惚状態になったり、幻覚を見たりする現象です。

ランナーズ・ハイという現象をご存じでしょうか。一般には、マラソン選手がレース中に突然苦しさが消え、ホワーンとした恍惚状態になる現象として知られています。

実は、この状態になったときにも、脳内麻薬が分泌されているのです。つまりランナーは、よく訓練された人の瞑想状態と同じようになっているわけです。

人によっては、ランナーズ・ハイで、あたかも自分で自分自身の姿を離れた位置から見ているような感じになることがあります。自分の斜め後ろ上方から自分を見ているような感じになる。これを「目撃の体験」といいます。これは、一流選手なら一度ぐらいは経験している現象であり、それほど珍しいことではありません。

極端な場合には、時間を超越してしまうこともあります。まだ走行中なのに、ゴールでテープを切る自分の姿が見えてしまうのです。そして、しばらくすると本当にそのとおりになる。ということは、自分の未来の姿が見えていたことになるわけで、これを「未来視の体験」といっています。

このような「目撃の体験」や、「未来視の体験」をする現象を「意識の拡大」と呼んでいるわけです。

ディスコもマラソンも一種の瞑想

一般に瞑想法というと、坐禅のように静かに座ってやるイメージが強いのですが、じっとしているだけが瞑想ではありません。体を激しく動かしながら瞑想状態に入ることもあります。いま述べたランナーズ・ハイもそうですし、あるいはディスコで踊り狂っているときに瞑想状態に入ることもあるでしょう。

また、念仏を長時間唱えたり、単調なメロディーを長時間歌ったり聴いたりしていても瞑想に入りやすいようです。

楽器演奏でリズムにのっているとき、とくに管楽器を演奏しているときにも瞑想状態に入ることがまれにはあります。これは、呼吸の長さと無関係ではないでしょう。吸う息の長さにくらべ、吐く息のほうが長いほど人間の意識はリラックスします。管楽器の演奏では、極端に長い呼吸が要求されるので、意識はどんどんリラックスし、瞑想状態に入っていくわけです。

このように、いろいろな条件のなかで人間は脳内麻薬を出し、瞑想状態に入ります。瞑想の方法論がいろいろあるのはそのためでしょう。ということは、基本的に脳内麻薬が出るのであれば、瞑想法はどんな方法論でもかまわないわけです。

ただし、脳内麻薬は、人間が死ぬときにも出ます。たぶん死の苦痛を和らげるために出るのではないでしょうか。人の死を伝えるときに、よく「仏様のようなお顔でお亡くなりになりました」といいますが、死に顔が安らかな表情になるのは脳内麻薬が出るからです。

これとたぶん原理は同じだと思うのですが、修行僧などがする難行や苦行でも脳内麻薬が出ます。難行や苦行で徹底的に痛めつけられると、人間の体は死の準備をはじめてしまうのかもしれません。

普通、脳内麻薬は死ぬときとか、マラソンなどでものすごく苦しくなったとき以外は、それほど大量には分泌されません。それ以外で大量に分泌されるのは、瞑想や坐禅の修行が相当に進んだときです。

瞑想して、脳内麻薬が少し分泌してくると、ファーッといい気持ちになり、宇宙に包まれたような感じになります。修行が進んで、それが大量に出るようになると「意識の拡大」が起こり、ときには幻覚のなかで、次に述べるような「魔境の体験」や「聖なる体験」をするようなことも起きてきます。

要注意！ユングも警告した「聖なる体験」

「魔境の体験」というのは瞑想中、幻覚を見ることです。単に人形が見えたり、不思議なものが見えるだけのこともありますが、ときには悪魔が出てきたり鬼が出てきたりして、非常に怖い目に遭うことがあります。

また、幻覚のなかで神様や仏様に会ったり、天使や精霊、あるいは昔の聖人に会って、会話を交わしたりすることもあります。仏教では、これも「魔境の体験」の一つに数えていますが、私はこれを区別して「聖なる体験」と呼んでいます。というのは、「聖なる体験」は瞑想をしている人にとってとくに注意が必要だからです。

鬼や悪魔に会うのは、単に怖い目に遭うだけであまり危険はないのですが、「聖なる体験」には、よくよく気をつけなければなりません。意外なことに、悪魔や鬼と会うよりも神様と会うほうが危険なのです。

神様に会ってありがたい言葉をちょうだいしたりすると、自分は「悟り」を開いたのだと錯覚し、有頂天になって舞い上がってしまうケースがよくあります。それが非常に危険なのです。多くのカルト集団の教祖が、実はこのケースに相当します。

日蓮上人は禅宗のことを「禅天魔《ぜんてんま》」といって批判しましたが、おそらくこのことをいっていたのでしょう。これは、松原泰道師からお聞きしたことです。

ユングは、そういう状態を「魂の膨張《ぼうちょう》」（インフレーション）と呼び、次のように忠告しています。（『ユングと東洋』湯浅泰雄・人文書院刊）

こういった体験を、自己と一体化するのを避けて、あたかも人間領域の外側にあるかのように扱うのが賢明でしょう。もし同一化すると、あなたは魂の膨張、一種のエクスタシー的高揚状態に陥り、まったく道を誤ってしまうでしょう。

膨張というのはまさしく小さなかたちの狂気、狂気の緩和されたかたちなのです。そして、もしあなたが完全な膨張状態まで燃え上がってしまうと精神分裂病になります。

要するに、幻覚のなかで神様や仏様や聖人に会って話をしたりしたときに、本当はそれはまだ「悟り」とはほど遠い、低レベルな状態であるにもかかわらず、「悟り」を開いたと錯覚し、有頂天になって舞い上がる。それがいかに危険かということです。うっかりすると精神分裂病にもなりかねません。瞑想をはじめる前に、これだけはぜひ知っておいたほうがよいでしょう。

その昔、道元も『正法眼蔵《しょうぼうげんぞう》』のなかで、坐禅をしているときにもし菩薩や如来が出てきたら、自分のイメージのなかで槍をもってきて突き殺せ、と説いています。なかなかすごい表現だと思います。これも「悟り」を開いたと錯覚し、天狗になってしまう危険性を身にしみて知っていたからでしょう。

私は、その危険性を心得ていることが重要なのだと思います。ですから、仏様が出てこようが鬼が出てこようが、それを突き殺すまでもなく、映画を見ているような気持ちで、その場面を楽しめばいいのではないでしょうか。ただし、それは決して「悟り」を開いた状態ではないということをきちんと心得て、映画を見ることができてよかった、という程度にとどめておく。それが、瞑想をはじめるにあたって心得ておくべき最大の注意事項といえるでしょう。それさえ覚えておけば、あとは、それほど心配するような危険性は、瞑想にはありません。

基本を守れば心配はいらない

私はこれまでガンにかかった人とか、脳溢血になった人、あるいは精神的に不安定な状態に陥っている人以外には、一般に瞑想法を教えてきませんでした。それは、瞑想の危険性を考え、教えたり本に書いたりすることにためらいを感じていたからです。

ところが最近、少し考えが変わってきました。その理由の一つは、瞑想の危険性にきちんと対処できるような瞑想教室が、ほとんどないということがわかったからです。危険への対処法についてまったく知らない指導者を現に私は何人も見てきました。生徒は具合が悪くなると、黙ってその教室をやめていくので、そういう指導者は自分の教室の生徒が体調をくずしたことにすら気がついていない人がほとんどです。それなら、危険性も含めてきちんと公にしたほうがよいと思うようになりました。

もう一つは、全体としてそれほど心配することはないだろうということもわかってきました。たとえば、瞑想中、確かに一種の自律神経失調症のような現象が出ることもあります。涙が止まらなくなったり、ものすごく汗が出てきたり、人によってはアトピーなどの皮膚炎になったりするわけです。

瞑想中に起きるこのような障害を気功法では「偏差《へんさ》」といっていますが、これは、いままでは悪いことだと考えられていました。

でも、仲間で偏差を体験した人を何人か見てくると、どうやらそうではなく、偏差というのは起こるべくして起こるし、起こる必要があるから起こるらしいということに気づいたのです。つまり自律神経失調症になるのは、何か大きな歪みを解消しようとするためであって、それをきちんと認識していれば、心配するべきことでもないのだということがわかってきたのです。

もちろん、昔のように朝から晩まで坐禅したりして、過度に瞑想すると「禅病」になってしまいますので、それだけはつつしまなければなりません。禅病というのは、本質的には偏差と同じです。仏教の長い歴史のなかでいろいろな症状が報告され、対策がこうじられています。運動でも過度のトレーニングは筋肉を傷めてしまうように、瞑想も急激な進歩を望んでやりすぎると偏差や禅病にかかり、かえって進歩が遅くなります。出家もしていない一般の人は、あせらず、ゆっくり亀の歩みのつもりで瞑想を実習することが、結局はいちばんの近道だと思います。

したがって、瞑想をはじめた最初の二、三年間は、朝晩三〇分ぐらいに抑える。それからのちに述べる「終了の儀式」をきちんとやる。また、いま述べた「魂の膨張」には決して陥らない。それさえわきまえていれば、あとはおのずとコントロールできるわけですから、それほど心配することもありません。それが経験上わかってきたのです。

ですから、これからみなさんにかんたんな瞑想法を紹介したいと思いますが、これは誰にでも安心してできる方法ですので、どうぞ気軽に取り組んでみてください。

ただし、ここに取り上げた方法は、初心者向けのほんの入門編です。本格的に取り組もうという人は、自己流でやらずに、信用できる教室にぜひ通ってください。最近は主な都市には必ずヨーガ、気功法、瞑想法、呼吸法の教室や坐禅を教えているお寺があるので、自分に合った教室なり先生なりを探してください。地方で、どうしても教室が見つからないときは、なるべく数名のグループをつくって一緒に取り組むのがいいでしょう。

背骨をまっすぐに座るのがコツ

それではまず、瞑想の準備段階から説明していくことにしましょう。

瞑想の前には、できるだけ体を動かし、体の緊張をほぐしてください。たとえば太極拳のようなものでもいいし、体をやわらかくするヨーガや真向法のようなものでもけっこうです。そういう特殊な方法を知らない人なら、ラジオ体操でももちろんかまいません。ただし、普通のラジオ体操よりも少しゆっくりと力を抜いてやってください。

体の緊張をほぐしたら、椅子に座ります。相当熟練しないと、横になったままではなかなか瞑想状態には入れません。なぜそうなのかはわかりませんが、背骨を立てているときのほうが瞑想に入りやすいようになっているようです。

長時間の瞑想により本格的に修行する場合は、正式な坐禅の座り方でないと体を傷めることがあります。しかしながら、この座り方は体のかたい人はまともに座れるようになるまでは何年も何か月もかかり、その間リラックスができないので瞑想に入れません。したがって、ちょっと瞑想を試すだけでしたら、無理をする必要はないでしょう。朝三〇分、夕方三〇分ぐらいの短時間の瞑想ですから、楽に座れれば基本的にはどういう姿勢でもけっこうです。ただし、上半身はなるべく垂直にします。

椅子に座るケースで説明すると、いちばんいい座り方を◎、次にいい座り方を○、あまりよくない座り方を△とすれば、腰を引き、腰骨を立て、背骨をまっすぐにして座るのがいちばんいい座り方で、これが◎です。

でも、体のかたい人には、こういう座り方がなかなかできない場合があります。その場合は、たとえば二つ折りにした座蒲団を、お尻と椅子の背もたれの間、あるいは腰と背もたれの間に挟むようにおいてください。そうすれば、腰が立ちやすくなります。この座り方が○です。

あまりよくないのは、浅く腰かけて背中を椅子の背にもたれさせる座り方です。この座り方では腰骨も寝てしまうし、背骨も曲がってしまいます。どうしてもこれが楽なら、これでもいいのですが、この座り方は△です。

基本的にはどういう座り方でもいいとはいえ、できるだけ腰骨を立てるように心がけてください。そして、座ったら手にひらを上にして膝の上におきます。これがいちばん普通の瞑想のスタイルです。

次に、なるべく落ち着いてゆっくりと深呼吸をしてください。

深呼吸を終えたら、体をゆるめます。これを必ずやったほうがいいでしょう。これにも方法があります。

まず、頭の上から足の先まで体の前面をゆっくりとゆるめていきます。方法は、筋肉のなかに小さな虫がうじゃうじゃとたくさんいるところをイメージし、この虫を下へ下へと意識で追い出していくわけです。虫はどんどんたまりながら下りていき、体の前面を通って足の爪先から逃げていく。それをイメージするわけですが、これで体の前面の筋肉がゆるんでいきます。

体の前面をゆるめたら、次に体の背面をゆるめ、それから側面をゆるめていきます。側面は、片方ずつでもかまいませんが、たぶん両方同時にできるでしょう。これで体の表面から五センチぐらいまでの筋肉がすべてゆるんでいきます。

最後に体の中心をゆるめます。頭のてっぺんからお尻まで、体の中心をゆるめ、脚部は今度は内側を、つまり股のほうから下へゆるめていきます。

こうして、体の前面、背面、側面、中心と、順番に、小さな虫を追い出すのをイメージしながら、ゆっくりゆるめていくわけです。

これが秘伝の「光のボールの瞑想」

体をゆるめたら、いよいよ瞑想に入ります。

一般によく行われているのは、白隠というお坊さんが書き残した「軟酥《なんそ》の法」と呼ばれるもので、頭の上に香りもよく色も美しいバターのようなものをのせ、それがしだいに溶けて体のなかに浸透していくのをイメージするという方法です。それだけですから、決してむずかしい方法ではありません。

「軟酥の法」はいまでは、ほとんどの瞑想教室や呼吸法の教室で教えているようです。この方法はもともと、白隠禅師が強度の禅病に陥ったときに仙人から教わり、これにより禅病が快癒したと伝えられています。「軟酥の法」それ自体も瞑想法であり、そもそも私がこれを取り入れたのも、禅病を治すぐらいなら弊害も少ないのではないか、という発想からでした。

私もこの方法でずっとやってきたのですが、やっているうちに、必ずしもバターのように溶けなくても、頭の上にのせたものがそのまま体のなかに入っていくようにイメージしたほうが、より直接的で、同じ効果がある、ということがわかってきたわけです。

したがって、私がいまやっているのは、光のボールをイメージし、体のなかを通すという方法です。これにもいろいろなやり方があるのですが、ここでは、そのうち二つだけを紹介しておくことにしましょう。光のボールを一個だけ使う方法と二個使う方法の二つです。あえてこの二つの方法に名前をつけるとすれば、「天地を結ぶ光の瞑想」ということにでもなるでしょうか。

光のボールを二つ使う瞑想は、初心者には少しやりにくいと思いますので、最初は光のボールが一つの瞑想をし、慣れたらボールが二つの瞑想をすることにしましょう。

光のボールが一つの瞑想というのは、まず丹田《たんでん》（へその下のあたりにあるツボ）に光のボールをイメージします。息を吐くとともにそのボールが上に移動していき、頭のてっぺんを抜けて天の果てまで飛んでいくのをイメージします。そして、息を吸うとともにそれをもとの丹田へと戻します。次に、息を吐きながら光のボールを下に降ろし、会陰《えいん》（生殖器と肛門の間にあるツボ）を抜けて地球の中心までもっていき、息を吸いながらまたもとの丹田に戻します。これをくり返すわけです。

とはいっても、慣れないうちは、天の果てや地球の中心といった遠くまでイメージすることは、なかなかできません。したがって、最初は体の外に光のボールが出るぐらいでいいのですが、練習を重ねるとともに、なるべく遠くまでそれを飛ばすことができるようにイメージしていきます。

また、呼吸は、しだいに長くなるようにしていきます。苦しくない程度に、ごく自然な感じでゆっくりとしていくわけです。

それに慣れてきたら、さらに別の行為を加えていきます。一つはマントラ（真言）を心のなかで唱えるようにしていくのです。

私は「アーメン」というマントラでいいと思いますが、ヨーガのほうでいちばんよく使われているのは「ソーハム」というマントラです。「ソー」というのは「われ」、「ハム」というのは「それ」という意味で、したがって「ソーハム」というのは「われはそれなり」という意味です。

ただ、これはヒンズー教の経典にある言葉で、そこでは「それ」は「ブラフマン」すなわち「宇宙」のことを指していますから、厳密にいえば「ソーハム」は「われは宇宙なり」という意味になります。

マントラは「アーメン」でも「ソーハム」でもいいのですが、キリスト教もヒンズー教も嫌いだという人は、仏教でいう「あうん」を「アーウン」という音にして使ってもいいし、自分で好きな言葉を工夫してもいいでしょう。頭が「ア」音ないしは「オ」音で、最後が「ン」または「ム」で終わる言葉ならいいわけです。

ただし、「アーカン」「サータン」とか「ソーメン」「ラーメン」というのは、やめてほしいと思います。「アカン」「サタン」というのは否定的な意味がありますし、「ソーメン」「ラーメン」というのはイメージが固定しています。このような否定的な意味をもつ言葉や、イメージの固定した言葉は避けたほうがいいでしょう。

また、マントラは声に出して唱えても、ささやき声でも、あるいは思うだけでもけっこうです。声を出して唱えていても、瞑想が深くなると自然に声が出せなくなってきます。そうなったら、無理に声を出さずにマントラを思うだけにしましょう。さらに瞑想が深くなると、心のなかでもロレツがまわらなくなります。「アーメン」が「ウーウン」という感じになってくるのです。ですから最初にどんなマントラを選んでも、結局は同じになってしまいます。

かりに「アーメン」というマントラを使うとしたら、まず息を吐くときに「アー」という音を思います。次に息を吸うときに「メー」という音を思います。そして丹田に光のボールが戻ったときに「ン」と思うわけです。はっきりと思わなくてもかまいません。そういう音をかすかに思えばいい。これが一つです。

もう一つ加えなければならないのは、最後に丹田に光のボールが収まって「ン」と思った瞬間に、お尻を締めるという行為です。基本的にはこれだけです。

以上が光のボールを一つ使う瞑想法ですが、これに慣れてきたら、光のボールを二つ使う瞑想に移ってみましょう。これも、さほどむずかしい方法ではありません。

まず丹田と膻中《だんちゅう》（二つの乳首のちょうどまんなかにあるツボ）の両方に光のボールをイメージします。そして、「アー」という音を思いながら（息を吐きながら）、丹田のボールをなるべく上までもっていき、同時に膻中のボールはなるべく下までもっていきます。次に「メー」という音を思いながら（息を吸いながら）、二つのボールをもとへ戻し、「ン」という音を思いながらお尻を締める。これをくり返すわけです。

光のボールは、最初は単なる無色の光でいいでしょう。慣れてきたら、光に色をつけ、お腹の光と胸の光の色を変えてみてください。色は自分の好きな色でかまいません。どんな色でもいいのですが、そのときの自分にいちばんぴったりくる色で、しかも、たとえば赤だったら世界中でいちばんきれいな赤を、青だったら世界中でいちばん美しい青をイメージしてください。

以上が、光のボールをイメージして行う瞑想法です。実にかんたんなものです。

自然のままに身をまかせればよい

瞑想状態に入ると、ホワーンとした感じに包まれます。ゆったりとくつろいだ、何かに守られているような感じといったらいいでしょうか。体がないような感じ、あるいは体が広がっていくような感じともいえます。

要するに、覚醒状態と睡眠状態の中間の状態です。その状態をある程度意識して持続することが瞑想状態につながるわけです。そういう感じをまずつかんでください。

それから、ある程度まで瞑想に慣れてくると、呼吸がほとんど止まったような状態になります。自分でも息をしていないのではないかと思うぐらい、呼吸が浅くなります。これは、瞑想状態に入ったという非常にわかりやすい一つの指標だと思います。かといって息をしていないかというと、そうではありません。鼻をつまんで何分かすると苦しくなりますから、やはり呼吸はしているわけです。

このような、呼吸筋をほとんど使わなくてもいいぐらいの呼吸、あるいは呼吸をしていることがほとんど自覚できないぐらいの呼吸を気功のほうでは「胎息《たいそく》」といいます。体の新陳代謝が低下するから、呼吸はさほど必要なくなるわけですが、いってみれば動物が冬眠しているのと同じような状態になるということでしょう。このような状態をヨーガでは「クンバカ」（自然に訪れる呼吸停止）といっています。

つまり、ホワーンとしたいい気持ちになるというのが瞑想状態に入った第一の指標で、呼吸が非常に浅くなるというのが第二の指標ということになります。

そうなった段階で、呼吸に関して意識することをやめ、光のボールの上げ下げのイメージとマントラだけをつづけます。

また、そのうちに、マントラも光のイメージも、しだいに意識のなかでぼやけてきます。あるいはお尻を締める行為がしだいにきつくなってきます。そうなったら、それはどんどん省略してかまいません。それは瞑想が深くなってきた証拠です。

呼吸もマントラも、あるいは光のイメージもお尻を締める行為も、つづけなければいけないと頑張る必要はいっさいなく、やめたくなったら自然にやめる。やめることによって瞑想はどんどん深まっていきます。要するに、つづけたくなくなったら自然にやめるのが瞑想の一つのコツといっていいでしょう。ただし、マントラやイメージがなくなって、雑念だらけになっていることに気づいたら、すぐにマントラとイメージに戻ってください。

また、なかには、瞑想をしていて霊界に入ってしまう人もいます。これは、初心者でもよく経験する現象です。

幽霊が出てきたり、目をつぶっていると何者かの息吹が聞こえてきたりするわけですが、そうなるとたいていの人は驚いて瞑想をやめてしまいます。でも、そんなことで怖がる必要はまったくありません。霊界から抜け出る方法もあります。たとえばイメージを使う瞑想だったら、そのイメージへ戻る。あるいはマントラを使う瞑想だったら、マントラをきちんと唱える。そうすれば霊界からスッと抜け出せます。

そのほかにも、瞑想が深くなってくると、体がガクガク動いたり涙が出たり、いろいろな反応が出てきます。これも心配する必要はありません。そのように反応することでストレスを解消しているのです。ですから、瞑想中に出てくる反応は、すべて肯定的に見てください。これがビートルズの「レット・イット・ビー」、つまり「あるがまま」ということです。

ときには、脚がバーンとはね上がったりして、自分でも驚くことがありますが、蓄積されたストレスがそれで解消されているわけで、これはすごくいいことなのです。

気管支や肺が悪いと瞑想中にせきが出てきます。大勢で瞑想をはじめるとせき込む人が相当いますが、日常の生活で肺や気管支に無理がかかっている人が、それだけ多いということでしょう。

お腹が悪いとお腹が痛くなってきます。脚が悪い人は脚が痛くなるかもしれません。それはすべていいことなのです。それをあるがままに受け止めて自然に外に出してやる。そうすることで治癒の方向に向かっていくわけです。

最後に、こうして瞑想がひととおり終わったら、かんたんに瞑想からふだんの状態に確実に抜け出せるようにしておいてください。それには、深い瞑想に入る前に、瞑想から出てくるための儀式のようなものを自分で決めておき、それを必ず実行することです。これはとても大切なことなので、絶対に怠ってはいけません。

私の場合は、三回深呼吸をして手をもみます。それを瞑想から出てくる儀式にしています。もちろん別の方法でもかまいません。瞑想法によっては、三分間、間をおいてから出るといったような方法を教えている教室もあります。それもいい方法ですが、私はむしろ瞬間的に出てくるくせをつけておいたほうがいいのではないかと思います。電車のなかで瞑想をしたりするときは、三分間も間をおくことはできません。そんなことをしていたら、うっかり降車駅を乗り越してしまいます。

要するに、自分なりの瞑想終了の儀式を決め、その儀式は必ず守る。そして、瞬間的に瞑想から出てくるくせをつけておく。それには、深呼吸を三回して手をもむぐらいの儀式がいいのではないでしょうか。

いま紹介した瞑想法は、非常にかんたんです。自然で無理がなく、それでいて、一応イメージとマントラと呼吸法の三つを使いますので、かなり強力で効果があります。

真言密教に三密加持《さんみつかじ》というのがあります。身密、口密、意密の三つを三密というわけですが、身密とは印のことです。「印を結ぶ」とか「印を組む」という、あの印です。それから口密はマントラ、意密はイメージのことです。

真言密教では、瞑想でこの三つを同時にやると非常に進歩が早いという言い方をしています。ここに呼吸法が入っていないのは、呼吸法は瞑想の初期段階であり、瞑想が進むにつれて呼吸が止まったような感じになるからでしょう。

逆に私は、印についてはここではふれません。手を気にすると神経が余分なところにいってしまうので、初期の段階では、手は自由にしておいたほうがいいと思います。

たとえば坐禅などでは、かたちを重んじますので、最初から印を組みます。座る姿勢についても最初からきちんと教えます。それは、一つの方法としては大変いいことだと思いますし、上級者になればいずれにしても学ばなければなりません。しかし印は、必ずしも最初から組む必要はないでしょう。

ちなみに印を組むと、気の流れがいろいろ制御されます。気功法もある程度修行した人は、自分の体のなかの気の流れがわかると思いますが、仏教のさまざまな印を組んで気の流れを観察すると、面白い発見があると思います。昔の人はそういうことに敏感だったから、いろいろな印を考え出したのだと思います。

瞑想中のこんな反応は心配いらない

瞑想に入ると、いろいろな反応が出てきます。まず「瞑想時の望ましい反応」から述べていくことにしましょう。箇条書きふうに述べると、次のような反応が望ましい反応といえます。

①手足などの体の一部、あるいは体全体が軽くなった感じ、もしくは存在しないような感じになります。透明になったような感じ、あるいはビリビリとしびれるような感じにな

ります。

②心身がゆったりとくつろいだ感じ、体が温かく包まれている感じになります。気持ちがよく、至福感にあふれてきます。

③脈拍がゆったりとして楽になります。

④呼吸がゆったりとおだやかになります。最終的には、自然に呼吸筋が動かなくなります。

以上の四つが「瞑想時の望ましい反応」です。

この四つ以外にも、望ましい反応はまだいろいろあるのですが、初心者としては、このぐらいの経験をすることがとりあえずの目標ということでいいと思います。

瞑想時には、望ましい反応ばかりが出てくるわけではありません。ちょっと心配な反応も出てきます。それには二種類あって、心配だけれども実は正常な反応と、本当に心配しなければならない、好ましくない反応とがあります。

まず、「瞑想にともなう正常な反応」のほうから見てみましょう。

①唾液《だえき》が大量に出ます。

②悲しくもないのにわけもなく涙が出てきます。

③皮膚がむずむずしたり、かゆくなったりします（かゆくなったらかけばいいし、我慢

する必要はありません)。また、お腹がゴロゴロいいます。

④心臓の鼓動がドキドキ強く感じられます(鼓動が速くなるということではありません。速くなるのはよくない反応です)。

⑤せきが出ます(出るせきを無理に抑える必要はありません)。悪いところが痛くなります(胃腸が悪い人はお腹が、膝が悪い人は膝が痛み出します)。

⑥体の一部がピクッと動くことがあります。あるいはガクガクと震えがきます。極端な場合は体が勝手に動き出します(これはすべていいことです。ストレスの解消を体が自動的にやっているわけで、心配する必要はまったくありません。体が勝手に動き出すことを気功法では「自発動功」といいます。ストレスの解消がある程度進めば、体が動かなくなります。本当の瞑想はそこからはじまります)。

⑦瞑想中の反応ではありませんが、瞑想をはじめるようになると、朝早く目覚めるようになります(瞑想をすることによって睡眠の何倍かの休息がとれ、自然に睡眠が足りて目が覚めるわけで、少しも心配はいりません)。

⑧瞑想直後に軽い目まいを感じます。あるいは頭に軽い圧迫感が残ります。記憶が少しおかしくなり、かんたんなことが思い出せません(だいたい三〇分で復帰します)。

瞑想をストップしたほうがいい症状

次に「瞑想時の好ましくない反応」について見てみましょう。これはちょっと注意しなければなりません。

①頭が締めつけられるような強い頭痛がきたり、悪寒や吐き気、もしくは腹部に強い圧迫感がくる。

②脈拍がどんどん速くなってくる。正常な状態では脈拍はしだいに遅くなっていきます。

③息苦しくなったり、呼吸がどんどん速くなる。

④原因不明の恐怖感を覚えることがある。

⑤霊界に入る（幽霊が見えたり、息吹が聞こえたりします）。

以上が好ましくない反応です。こういう反応が出たら、⑤以外の場合は、すぐ瞑想をやめ、横になってゆっくり休んでください。

そして次にやるときは、少し時間をおいてやったほうがいいでしょう。そのときも、事前の体操にもっと時間をかけたり、あるいはジョギングなどでもっと体を動かしておくことが必要です。

また、深呼吸をもう少し長くし、体も徹底的にゆるめます。というのは、体のどこかにこわばりがあるときにこのような好ましくない反応が起こりがちだからです。そこで、運動でそれをほぐし、深呼吸でほぐしていくわけです。要するに、瞑想の前の準備にもう少し時間をかけることです。

フロイトの弟子の一人、ウィルヘルム・ライヒは、人間はいろいろなストレスを受けると、それが筋肉の緊張となって残り、精神的な障害の原因になる、と考えました。彼は、この筋肉の緊張を「性格の鎧《よろい》」と呼んでいます。過去に受けたストレスが鎧のように筋肉の緊張となって残り、その人の性格を形成しているというわけです。

成人なら、誰でも多かれ少なかれ「性格の鎧」をもっており、体にさわってみると、その人がこれまで受けたストレスの程度がわかるといいます。ということは、体をほぐすこと、つまり鎧を破壊することがストレスの解消につながるということです。その方法がボディーワークです。いま世の中にあるボディーワークのほとんどは、ライヒの理論から出発しています。

人生の歪みが、ライヒのいうように体のどこかにきている人は、瞑想をしても快い瞑想にはなりません。体の緊張をほぐす必要性はそこにあります。

坐禅では、体をほぐすために労働をさせます。作務《さむ》といいますが、修行僧がやるわけですから、ものすごくきつい労働で、一年もすると、ボディービルで鍛えたような体になるといいます。バランス上、そのぐらいの労働が必要なのでしょう。

現代人は運動不足で、バランスが悪くなっており、瞑想だけをやると「好ましくない反応」が起きがちです。

ですから、そういう反応が起こる人は、事前になるべく思い切り体を動かしましょう。ヨーガや気功法をきちんとやってみるとか、ボディーワークをきちんと受けてみることをおすすめしたいと思います。

運動をするとストレスの解消になるというのは、一つは筋肉をほぐすことからくる効果といえるでしょう。もちろん、運動で心肺機能の循環・代謝が激しくなり、そのことでもストレスは解消しますが、もう一つは筋肉をほぐすことによって確実にストレスを解消しているわけです。その意味では、水泳のような運動は非常に効果的だといえます。

ただ、⑤の霊界に入るケースは、体のこわばりからくるのではなく、瞑想が宙ぶらりんになっているときに起こることが多いようです。そういうときは、たとえば光のボールのイメージやマントラが消えて雑念が出ていると思います。でも、雑念が出ること自体は、いっこうにかまいません。

雑念が出てきたら、あるいは雑念に気づいたら、雑念を抑えつけるのではなく、光のボールのイメージとマントラに急いで戻ればいいのです。そうすれば、ほとんどの場合、霊界から抜け出せます。

よく霊界に入ると、「あの世」に一歩近づいたような感じがして、自分のレベルが少し上がったと喜ぶ人もいますが、それは間違いです。瞑想中に幽霊を見る必要はないわけで、そんなことは瞑想の本質とは関係ありません。

霊界に入りやすい人というのは、そういう波長に合わせてしまっています。つまり、そこにチューニングしてしまっているのです。したがって、一度霊界に入った人は、放っておくと何度でも入ります。霊界にとどまっているというのは、まだレベルが低いわけで、本来はもっと奥にまで入っていかないといけないのです。霊界はレベルを上げる妨げになります。

そういう人は、自分で意識的にチューニングを変えていったほうがいいでしょう。それには、霊界に入りかけたら光のイメージとマントラにすぐ戻る。それをくり返していると、もう入らなくなります。

そもそも霊が見えるというのは、悟りとはまったく関係ありません。それはむしろ見えないほうが、精神的にも安定していくと思います。

かたちから入るのも人生の修行

さて、ここまでは、座って行うかんたんな瞑想のすすめについて述べてきました。

しかし、日常的にできることは、それ以外にもたくさんあるはずです。それらも日々の生活のなかに加えていったら、人生はさらに楽になるかもしれません。

欲張るわけではありませんが、やれることはやっておいたほうがいいと思います。そこで、本章の最後に、それらについてもいくつか考え、つけ加えておくことにしましょう。

たとえば、「行」というのはどうでしょうか。何も宗教で修行僧がやるようなすさまじい行というのではなく、私たちにできるごくかんたんな行を日常的にやることは、大変にすばらしいことだと思うのです。

そこで思いついたのが「スマイル行」です。心から笑う必要はありません。機械的な笑いでけっこうです。気がついたときに、どこでもいいからニッコリ笑ってみせる。これはその場に対して非常にいい影響を与えると思います。その場の雰囲気がパッと明るくなる。これも一つの立派な行といえるでしょう。

最近はどうなっているかわかりませんが、マクドナルドへ行ってメニューを見ると、メニューのいちばん下に「スマイル〇円」と書いてあります。ハンバーガーが一五〇円、マックシェイク二〇〇円などと、すべてに値段がついていて、いちばん下に「スマイル〇円」、つまり笑いはタダ、と書いてある。そこで「スマイルください」と注文すると、従業員がニッコリ笑うわけです。これは、いってみれば機械的な笑いですが、その場の雰囲気をすごく和らげる効果をもっているのではないでしょうか。スマイル行はそこから思いついたわけです。

これはとくに意識しないでも、自然に行っている人が大勢います。いつもほほえみを絶やさない人は、周囲にすばらしい「気」を放射しています。ですから、その人がいるだけで雰囲気がよくなりますし、自然とまわりに人が集まってきます。そんな人が参加した旅行やサークルは不思議とうまくいきます。

次章でくわしく述べますが、こういう人は「宇宙の愛」を知らず知らずのうちに感じているのです。自然にほほえみがこぼれるのはそのためです。「カルマの法則」からいっても、人にすばらしいほほえみを与えれば、ますます自分に戻ってきます。ですから、まずは機械的なスマイルでも周囲に放射すれば、何事もよいほうにどんどん進みますよ、というのが、この「スマイル行」なのです。

同様にカルマの法則から考えられる行もあります。すでに述べたように、カルマには行いという意味のほかに想念という意味も含まれています。自分の行いや想念が宇宙に放射され、やがて自分に戻ってくる。それがカルマの法則ですが、これが本当だとすると、想念もやがて自分に戻ってくるわけですから、いい想念をもつにこしたことはありません。それを意識的にやれば、より効果的でしょう。そこで考えたのが「想念の行」です。

これには二つあって、一つは「自分の好きな人を思い出し、その人に対していい思いを送る」という行です。恋人でも家族でも友だちでもいい。自分の好きな人をイメージして「ありがとう」とお礼をいってみたり、「幸せになれよ」といってみたり、いい思いを意識して送りつづけるわけです。ひまなとき、電車に乗っているときでもいつでも、人に知られず自分で勝手に思えばいいことですから、実にかんたんですし、好きな人のことを思うわけですから、非常にやさしい行といえます。これが「想念の行」の①です。

「想念の行」の②は、少しむずかしくなります。嫌いな人を思い出して、「本当はあなたのために私は助かっているんですよ」とか「私はあなたを嫌っているように見えますが、それは表面的なことで、本当は決してあなたを嫌っているわけではありませんよ」といったようなことを、お世辞でもいいから思ってみるのです。「想念の行」の①よりは少しむずかしいかもしれませんが、でも、やってみるとそれほどむずかしい行とはいえません。心からそう思う必要はないし、口に出していうわけではないから恥ずかしいこともありません。誰にも知られず自分一人でできる行です。要するに、嫌いな人を思い出して「こんちくしょう」と思うのではなく、「本当は違うんだよ」と一応心のなかでいってみる。これが「想念の行」の②ということになります。

もう一つ「言葉の行」というのも考えてみました。なるべく人に対してやさしい言葉をかけるという行です。これも決してむずかしい行ではありません。

これらは、あくまでもかたちだけでけっこうです。心を込める必要はありません。しかし、かたちをくり返しているうちに、少しずつ心からできるようになってくるものです。

無理に否定的な感情を押し殺したり、無理にポジティブに考えようとしたりすると、人生がつらくなってきます。また、企業によっては、街頭や電車のなかで突然何やら大声でしゃべり出すことを、トレーニングとして社員に強制しているところもありますが、やりたい人がやるならともかく、そういうことは普通の人には恥ずかしくてなかなかできるものではありません。

何事も無理は禁物です。私たちは、何も出家して僧侶になろうというわけではありません。特別な努力をしなくても自然にできる行、誰にでもかんたんにできるやさしい行を日常生活のなかで心がけることが大事なのではないでしょうか。それだけで、私たちはだいぶ楽に生きられるようになるし、人生はずいぶん違ってくるような気がします。

第5章

宇宙の愛を感じるのが本当の幸せ

少年時代、手にした一冊の本がはじまり

私が「あの世」の科学に関心をいだくようになった経緯について、ここで少しふれておきたいと思います。それには、まず自分の少年時代にさかのぼる必要があるでしょう。私は、自分ではそうは思っていなかったのですが、考えてみれば、他の人たちとはかなり違った少年時代を過ごしていたような気もします。

私の父は、一種の霊能力者でした。たとえば、友人や親しい人が死んだとき、父は通知がくる前にそれを全部予知していました。いわゆる虫の知らせというのが確実に起きる人だったのです。それが一回や二回ではなく、頻繁に起きました。また、多少サイコキネシス（念力）の実験のようなこともしていました。

私は、小学生の頃、その父の蔵書のなかに、『第三の目』という一冊の本を発見し、読んでみて、「ここに書いてあるのは、みんな本当のことだ」と直観的に思ったのを覚えています。

書いてあるのは、チベットの修行僧の話で、何となく荒唐無稽《こうとうむけい》な内容ではあったのですが、さきに紹介した「軟酥《なんそ》の法」という有名な瞑想法の方法論についてもふれていて、私

は小学生なりに、それをいろいろ試してみたりしました。もっとも、それが「軟酥の法」といわれるものだと知ったのは、だいぶあとになってからのことです。

私は、そんなわけで、超常現象には子どもの頃から興味があったし、当時はそれが不思議なことでも何でもなく、むしろあたりまえのことだと考えていました。超能力というと非科学的で、うさんくさい迷信だと世間的にいわれているということを知ったのは、中学生か高校生ぐらいになってからのことだったでしょうか。

私自身はまったく疑いをもっていないのに、世間が否定している超能力というものを何とか科学的に究明できないものか——そう考えて、私は大学では電子工学を専攻し、その後は電磁波を研究することにしました。目に見えないテレパシーとか透視を研究するには、同じように目に見えない、それでいてエネルギーを伝達したり通信の手段に使ったりできる電磁波を研究するのがいちばん手っ取り早いと考えたわけです。

また、大学の教養課程では、一年間でしたが、宮城音弥さんという心理学の大家の先生の教室を選び、心理学の常識を学びました。これもあとから参考になりました。

こうして、子どもの頃からいだいていた興味に、自分の学問を結びつけようと試みたことは事実としてあったと思います。ところが、これがとんでもない見当違いでした。私は電磁波の研究で、それこそ博士号まで取ったのですが、サイエンスの世界そのものが、自分の目指す方向に近づこうとしていないのだということを、いやというほど思い知らされたのです。そこに、いってみれば、近代科学の限界のようなものを私は感じることになったということでしょうか。

大学時代は、もっぱらサークル活動など、遊びのほうに夢中になっていました。私は、高校生の頃からアルトサックスという楽器を吹いていましたので、仲間を集めてデキシーランドジャズのバンドをつくったり、その他にも、航空研究部をつくってグライダーに熱中したり、自動車部やオーケストラに所属したり、ほとんど部室に入りびたりの生活で学生時代は終わりました。

それで、いまの会社に入ったわけですが、就職してから私に一つの話がもち上がってきました。ベルギー留学の話です。

私の卒論は、音声認識をテーマにしたものでした。学生時代は遊んでばかりの生活であったとはいえ、卒論だけは一生懸命取り組みましたので、いまでもいいものが書けたと自負しています。私のその卒論を教授がヨーロッパの学会で発表しました。そのおかげでベルギー政府から私に、資金を出すから留学しないかという申し入れがきたのです。

会社にそのことを話すと、「ダメだ。行くなら会社を辞めて行け」といわれ、どうしようか悩んでいるところへ、代わりに東北大学への留学を会社が命じてきました。そこで東北大学へ行き、アンテナの研究をすることになったわけですが、それについては、すでに第3章で述べたとおりです。遊びほうけていた学生時代から考えると、こうしてどちらかというと研究者として身を立てるようになったというのは、自分でも信じられないような話です。

私を新たなる道に連れていったこのひと言

私が再び見えない世界に目を向け、「あの世」について考えるようになったのは、これもすでに第2章で述べたとおり、デビッド・ボームの「ホログラフィー宇宙モデル」やユングの「集合的無意識の仮説」などを知ってからのことでした。しかもあろうことか、ボームとユングは実は同じことを別の側面からいっているのだという「大発見」を、私はしてしまったのです。

精神の世界を科学の視点からながめようとするとき、どうしてもこの両者が結びつきにくいのは、二つの固定観念がじゃまするからでしょう。

一つは「物心二元論」です。デカルトがこれを唱えてから、まだ三〇〇年しか経っていませんが、私たちは、この考えに染まり切っています。したがって「ホログラフィー宇宙モデル」のような物質世界の話と「集合的無意識」のような精神世界の話は、私たちのなかでなかなか一つのものとして結びつきません。

もう一つは、学問の細分化です。私たちは、学問を細分化された狭い専門領域に押し込め、それぞれの領域同士の交流を非常にむずかしくしています。素粒子の物理学と深層心理学という二つの異なる専門領域の仮説が実は同じ内容だという発想は、そういう状況のなかからは生まれにくいでしょう。

その意味で、二つの仮説が同じことを記述しているということは、非常に考えにくいことなのですが、それだけにこの発見は、私を興奮させるに十分でした。

それだけではありません。実は、私はこの発見をもとに何冊かの本を書くことになったのですが、そのプロセスで私に一つの大きな出来事が生じたのです。

『ここまで来た「あの世」の科学』（祥伝社刊）という本を書いたときのことでした。私がこの本で、科学と宗教の融合を狙ったといったら大げさでしょうか。少なくとも、この本に書いた「ホログラフィー宇宙モデル」を背景にした「空《くう》」の解釈を仏教界の人たちに知ってほしいという考えがあり、私はこの本の推薦文を松原泰道師にお願いしたのです。

ただ、それまで仏教界がいってきた「空」の解釈と、私が本に書いた「空」の解釈とではまったく違っており、ひょっとしたら松原師のご推薦はいただけないかもしれない、と私は心配していました。ところが、どうでしょう。師は夜っぴいてゲラを読まれ、大変すばらしい推薦文をお書きくださっただけではなく、翌朝、編集者に対してものすごいことをおっしゃってくださいました。

「人に恩人があるように、本にも恩書がある。この歳になってこんな恩書にめぐり合えるとは思ってもいなかった」というコメントを、当時八六歳でいらっしゃった師からちょうだいしたのです。

私は、この言葉を編集者から聞いて、飛び上がらんばかりに驚きました。私は、このときほど自分の人生が輝いて見えたことがありません。それ以来、会社の仕事とは別に、残りの人生を科学と宗教の融合のために貢献できるよう生きられたら、と私は考えるようになったのです。

いかに死ぬかという問題に行き着いた

こうして「あの世」と「この世」について、つまり宇宙のしくみについて自分の考えを述べるようになった私は、最近、もう一つの大きなテーマに取り組まざるをえなくなってきました。「人はどう死んだらいいか」という問題です。

宇宙のしくみを考えるということは、人生のありようを考えるということに通じます。人間の生き死にの問題の考察です。それらの考察を通じて、私は「マハーサマーディ」という、人間の死に方の一つの形態についても考えるようになったのです。

「マハーサマーディ」という言葉を最初に知ったのは、いまから一〇年ほど前、パラマハンサ・ヨガナンダという人の書いた『あるヨギの自叙伝』（森北出版刊）という本を読んだときのことでした。

その本の最後のほうに、こんなことが書かれていたのです。一九五二年の三月七日、ロサンゼルスのビルト・モア・ホテルで駐米インド大使のための晩餐会を催したヨガナンダは、晩餐会の終わりに「私は、いまから死にます」と挨拶しました。誰もそれを信じなかったようですが、彼は、三回まわって北を向いて瞑想し、そのまま肉体を離脱した……。

このように、自分の死期を知ったときに、瞑想のうちに静かに亡くなるのがマハーサマーディです。インドのヒンズー教の僧侶やチベット密教の僧侶の間では、きわめて頻繁にある死に方ですが、アメリカでは、おそらくこれがはじめてだったのでしょう。しかも一流ホテルの晩餐会の席での出来事でもあり、大きな反響をもたらし、のちの六〇年代のヒッピーたちの活動にも影響を与えることになりました。

驚くべきことは、ヨガナンダの遺体が死後二〇日経っても硬直が起きず、腐らなかったということです。遺体安置所の責任者の証言があるので、これはおそらく事実でしょう。

もっとも、こういう例は、さほど珍しいことではないのかもしれません。中国にはもっとすごい例があります。

広東省の韶関《しょうかん》市の近郊にある南華寺という寺に、達磨《だるま》大師から数えて六代目の禅宗の継承者、慧能《えのう》というお坊さんのミイラが安置されています。亡くなったのが七一三年ですから、それから一二〇〇年以上も経過しているのですが、写真で見ると、いまでもまるで生きているような姿を保っています。この写真は私の前著『理想的な死に方』(徳間書店刊)に掲載してありますので、参照してください。こういうことが起こりうるわけです。

これは私が考えた一つの仮説ですが、マハーサマーディで死ぬと、β—エンドルフィンなどの「脳内麻薬」がものすごく大量に分泌され、体のすみずみまでいきわたる。そうなると、一種の防腐剤のような効果が生まれ、バクテリアが繁殖できなくなるのかもしれません。それでは、マハーサマーディで亡くなった遺体は、すべて腐らないかというと、そうでもなく、ほとんどの場合は、普通どおり腐敗するようです。

ヒンズー教のほうでは、マハーサマーディで亡くなったあと、腐敗するかしないかは、修行の深さとはとくに関係ない、としていますが、チベット密教のほうでは、死後の不朽現象は、本人が悟りに達していた証拠だ、ととらえています。

ちなみに『チベット生と死の書』（講談社刊）という本の序文で、ダライ・ラマ一四世は「臨床的に死が宣告されたのちに、長らく遺体が腐敗しなかったならば、それは修行者が悟りを得たしるしである」と書いています。

よりよく死ぬためのテクニックが存在する

マハーサマーディそのものは、それほど珍しい死に方ではなく、調べれば、いくらでも例が出てきます。

日本でよく知られているのは、たとえば西行《さいぎょう》法師の例でしょう。西行は、もとは鳥羽上皇に仕えた北面の武士でしたが、女性問題などの複雑な事情から二三歳で出家し、亡くなるまでの五〇年間、仏教修行と歌道に精進しました。亡くなる前に詠んだ次の歌は有名です。

願わくは　花の下にて春死なむ　その如月の　望月のころ

当時は太陰暦を使っていましたから、「如月の望月」というのは二月の一五日、すなわちお釈迦様が亡くなった日を指しています。お釈迦様が入寂された日に自分も死にたいという願いを歌っていたわけですが、西行が実際に亡くなったのは二月一六日でした。一日誤差が出てしまったのは、ちょっとだけテクニックが足りなかったのでしょうか。

また、臨済宗妙心寺の開山、慧玄《えげん》は一三六〇年に寺内の風水泉という井戸の側で弟子たちに禅法を伝え、伝え終わると、行脚の格好をして立ったまま亡くなったといわれています。なぜひっくり返らなかったかと考えたのですが、たぶん杖でもついていたのでしょう。しかし、それにしてもすごい死に方です。

マハーサマーディで亡くなったこのような高僧たちの例は、調べればいくらでも出てきます。ただし、これはあくまでもすごい修行を積んだ名だたる高僧たちの例であり、煩悩にまみれている、私たち庶民の手が届くような死に方ではない、と私はかなり長い間考えていました。いくらマハーサマーディで死にたいと願っても、それは私たちには縁のない雲の上の話だろうぐらいにしか考えていなかったのです。

ところが、どうやらそうでもないらしい。ひょっとすると、これは誰にでもできるわざではないか、ということに私が気がついたのは、『ミュータント・メッセージ』という本を読んでからでした。

『ミュータント・メッセージ』については、すでに第1章で紹介しましたが、この本にはたとえば次のような一節が書かれています。

旅立つ人は砂のなかに座して肉体のシステムを閉ざす。二分も経たずに彼らは去っていく。悲しみも葬式もない。私（マルロ・モーガン）が、このような知恵に対して責任がもてるようになったら、人間界から目に見えない世界に移るテクニックを教えてあげよう、と彼ら（アボリジニたち）はいった。（カッコ内、著書）

これは、すごいメッセージだと思います。このメッセージからいろいろなことがわかります。

第一に、アボリジニは、死期を知ると砂のなかに静かに座し、二分も経たずに死んでいきます。これは、明らかにマハーサマーディです。

第二に、マハーサマーディというのは、すごい神秘的なことというよりも、単純なテクニックだということがわかります。

第三に、そのテクニックというのは、マルロ・モーガンのような、何の修行もしていない普通のアメリカ人女性にも、教われば習得できるぐらいのかんたんなわざではないか、ということです。もしそうなら、それは私たちにもできるのではないか、という希望がわいてきます。

私は、いま「マハーサマーディ研究会」というものをつくって、その代表になっていますが、私がこのような研究会をつくってマハーサマーディをみんなで勉強してみようと決心したのは、このメッセージを読んでからでした（「マハーサマーディ研究会」TEL03－3269－1760、FAX03－3269－1703）。

物質への執着を捨てることが目標

それにしても、宇宙の根源とつながっているアボリジニには、死が何かということがわかっているのでしょう。彼らの死には「悲しみも葬式も」ありません。遺体はそのまま放置されます。食糧の乏しい砂漠のことですから、当然それは他の動物が食べることになるでしょう。そういう自然の生命の循環のなかに入っていくわけです。

これは、実はものすごいことなのです。

考えてもみてください。自分の肉親や友人が死んで悲しくない人がいるでしょうか。悲しみもなく、葬式もなく、私たちは自分の肉親や友人と永遠の別れができるでしょうか。悲しみも葬式もないばかりか、遺体をそのまま放置してくるというのは、いまの私たちにはとても真似ができません。

死というのは、さきにも述べたように、私たちが肉体という着物を脱ぐことです。その意味では、私たちが着ているセーターを脱ぐのと、あまり変わりません。アボリジニたちが、悲しみも葬式もなく肉親や友人と永遠の別れができるのは、そういう死の意味を知っているからであり、また彼らにまったく物欲がないからです。

あるところで私がこの話をしたとき、「えっ」と驚いた人がいました。「えっ、天外先生、オーストラリアの原住民は、火であぶって死ぬんですか」と。アボリジニは「あぶり死に」かというわけです。そうではありません。

まあ、それは冗談ですが、私たちがアボリジニと同じように「悲しみも葬式もない」というかたちで自分たちの死を考えるところに行き着くためには、おそらく物に対する執着というものを絶たなければならないでしょう。あるいは、物に対する執着を絶つことによって、マハーサマーディができるようになるのかもしれません。

もちろん、そんなことがどれだけわかっても、私たちは、自分の死も近親者の死も友人の死も、やはり悲しいと思わずにはいられないでしょう。自分がいままで愛着をもって着ていたセーターを脱いで捨てるのさえも、私たちには、どうしても悲しいことなのです。それが物に対する執着、自分の所有物に対する執着を捨て切れない普通の文明人、アボリジニがいうミュータントというものではないでしょうか。

その意味では、「悲しみも葬式もない」という短い言葉からだけでも、アボリジニがいかに死の意味を悟った、物に対する執着のない、ものすごい精神性をもった民族であるかが理解できると思います。しかも、遺体を砂漠のなかに残しておく。その遺体は、いま述べたように、当然、他の動物が食べることになるのですが、それは、遺体を食べた動物が結局、めぐりめぐって自分たちの食糧として戻ってくるという、いわゆる食物連鎖のなかに入ることを意味しているわけです。

マルロ・モーガンが、アボリジニたちと一緒に旅に出るとき、わざわざ新調した洋服も、ダイヤの入った金の時計も、宝石の指輪も、クレジット・カードもお金も、つまり所持品のすべてを火にくべられました。それは、つまり物に対する執着を捨てなさいという儀式だったのでしょう。

要するに、そういう物に対する執着を捨てないと、マハーサマーディというのはできないのかもしれません。したがって、私たちがアボリジニから学ぶべきことは、たぶん単にマハーサマーディのテクニックだけではないでしょう。もっといい家に住みたい、もっといい着物を着たい、もっとおいしいものを食べたいといった、貪《むさぼ》りの心を捨て、宇宙と一体となり、みんなと一体となって、物に対する執着、自分に対する執着をもたずに生きていく。その生き方のすべてを学ぶということになるのではないでしょうか。

その意味で、マハーサマーディの研究そのものは、死に方の研究であると同時に、まさに人間はいかに生きるべきか、という研究にほかならないということになるわけです。

よい生き方をしないと幸せな死はない

死と生は表裏です。「いかに死ぬか」という問題は「いかに生きるか」という問題と切り離しては考えられません。「安らかな死」を迎えるには、それを迎えるにふさわしい生き方をしていくしかないでしょう。

ダライ・ラマ一四世は、さきに紹介した『チベット生と死の書』の序文で、次のようなすばらしいメッセージを発しています。

当然ながらほとんどの人は穏やかな死を迎えることを望んでいる。だが暴力にみちた人生を過ごした者、怒り、貪り、恐怖などの情念に絶えず心をかきたてられている者にとって、穏やかな死など望むべくもないこともまた明らかである。だから、よき死を迎えることを望むなら、よく生きるすべを学んでおく必要がある。安らかな死を望むならば、自分の心に、生き方のなかに、安らぎを培っておかなければならない。

かみしめるべき言葉ではないでしょうか。

いい方を換えれば、「この世」の表面的なものに対するこだわりが少ないほど「安らかな死」が迎えられるということをダライ・ラマはいっているわけです。そして、それは、とりもなおさず「いい生き方」ができるということにもつながっているのではないでしょうか。

『チベット生と死の書』は、『チベット死者の書』というものを基本において書かれた修養書であると同時に哲学書です。いわば『現代版・チベット死者の書』とでもいうべき本といえるでしょう。

基本になっている『チベット死者の書』というのは、チベット密教のいわば「枕経」であり、死にゆく者への解脱のすすめが述べられた書ですが、ここには現代に生きる私たちが読んでも驚くような真実が書かれていて、多くの人に影響を与えました。

実際にこの経典を読んでみると、いつ書かれたかもわからない古い時代のものであるにもかかわらず、最新の「ホログラフィー宇宙モデル」に照らしても、いかに正確に「あの世」を記述しているかがわかり、ただ驚くばかりです。

『チベット死者の書』に書かれているのは、具体的にいえば死んでいく者、あるいはすでに死んだ魂に対し、意識を「この世」や肉体からはずして、「根源的な光の世界」すなわち「あの世」に移すことのすすめです。死者の意識が、うまく「宇宙の根源的な光の世界」と一体となることが解脱とされています。つまり『チベット死者の書』は、解脱のすすめの書といえます。

ヒッピーの運動が目指していたもの

さきに述べたパラマハンサの「マハーサマーディ」も、チベットで生まれた『チベット死者の書』という経典も、アメリカ人に強い影響を与えました。なかでも、ヒッピーに与えた思想的な影響には、はかり知れないものがあります。

いまでこそ、まったくといっていいほどヒッピーの姿を見かけることはありませんが、一九六〇年代から七〇年代にかけては、それこそ世界中のいたるところに彼らはたむろしていました。世間のほとんどの人々は、彼らを浮浪者の仲間ぐらいにしか見ていなかったようです。

実際、肩までかかる長髪、サイケデリックなファッション、そのうえ麻薬を常習し、しかも相手かまわぬフリー・セックスと聞けば、良識ある一般市民が顔をそむけたくなっても無理はなかったでしょう。

ヒッピーを生んだのはアメリカです。

アメリカは独立戦争以来、自由と民主主義の担い手として、世界のリーダーたる国づくりを目指してきました。とくに二〇世紀に入ってからは、中世の影を引きずるヨーロッパや前近代的な東洋、人権を踏みにじる独裁国家などとくらべ、アメリカは、まさに希望の新世界を象徴する存在となりました。

アメリカ人の愛国心は、そういった歴史のなかで育まれてきたといっていいでしょう。

やがて、二つの世界大戦に勝利を収め、かつてないほど物質的に豊かな国となり、芸術は栄え、科学も進歩し、アメリカ建国の理想は大いに進展するかに思われました。

そこにはじまったのがベトナム戦争です。「ちょっと待てよ」——さしものアメリカ人の愛国心にも、若干ゆらぎが見え出しました。国は表向きには、共産主義に対する正義の戦いを装いましたが、むしろ人々はそこに、他民族に対する侵略戦争のにおいを敏感に嗅ぎ取ったのです。若者たちは、自分たちを理不尽な戦争へ駆り立てる体制と鋭く対立するようになっていきました。

ヒッピーは、そのベトナム反戦運動のなかから生まれたのです。

アメリカ社会の大きな推進力になっているのは、欲望を根底にしたすさまじいばかりの競争です。欲望と競争を育んだのは、やりようによっては誰にでも億万長者になれるチャンスがあるという、いわゆるアメリカン・ドリームでした。

そのすさまじい競争から生まれた物質文明。これに対しても、当時の若者たちは反発しました。そして、より精神性の高い、新しい文化を創造しようとしたのです。

これが「カウンター・カルチャー運動」です。

西洋物質文明に反発するヒッピーたちは、高い精神性を求め、東洋哲学へと傾斜していきました。禅やヨーガや『易経』などを学び、ほとんどが瞑想法を実践しました。なかにはインドまでいき、師について実習する者もいたほどです。

仏教やラマ教、ヒンズー教などが盛んになり、空手や拳法、さらには指圧や鍼灸術までが流行しました。そして彼らのほとんどが菜食主義者でした。
平和で美しい社会――これが彼らの共通のビジョンでした。独特の儀式、独特の芸術がそこから生まれています。

教訓を残して彼らは去っていった

こうして見てくると、浮浪者の仲間ぐらいにしか認識されていなかったヒッピーたちの「カウンター・カルチャー運動」は、意外にも、二一世紀を先取りした最先端の思想運動だったのかもしれません。

しかし、その後、本当に二一世紀につながる運動として盛り上がりつづけてきたかというと、そうはなりませんでした。いつのまにか、運動は鳴りをひそめてしまい、世界中からヒッピーの姿は消えていきました。

彼らは、どうやら二つの決定的な間違いを犯してしまったようです。

その一つは、LSDなどのドラッグを使用したことです。

ドラッグは、脳内麻薬と分子構造がきわめてよく似ており、瞑想法が未熟で脳内麻薬の分泌が不十分でも、その力を借りれば「意識の拡大」を経験できます。いわば脳内麻薬の代用品ですが、ヒッピーたちは、この代用品を常用するようになってしまったのです。

でも、脳内麻薬とは違い、ドラッグには神経系統をしだいにボロボロに破壊するという恐ろしい副作用があります。この時代には、まだその害があまり理解されていなかったのでしょう。

彼らの神経は知らず知らずのうちに破壊されていきました。それが彼らの運動にも歪みをもたらし、多くの犯罪者を出したりして、運動そのものをも破壊していくことになったのです。

彼らのもう一つの間違いは、フリー・セックスに走ったことでしょう。

ベトナム戦争に反対するヒッピーたちは、「戦うな、愛し合おう」というスローガンをかかげました。スローガンはよかったのですが、それがフリー・セックスにまで発展してしまったのです。

彼らのコミューンでは、人々は全裸で生活するようになり、セックスも秘めることなく、人前でもおおっぴらに行われていたようです。当然、生まれてくる子どもの父親は特定できません。したがって、子育てもコミューン全体の共同作業でした。

それにしても彼らの生活様式は、内部的には一つのコミューンとしてそれなりにうまく機能していても、外部社会の一般常識とはあまりにもかけ離れていました。それが彼らの運動の拡大にブレーキがかかる大きな原因となったことは間違いないでしょう。

ヒッピーのコミューンは、こうして崩壊していきました。彼らの運動は結局、観念的にエゴを否定したコミューンをつくっても成功しないということを含め、いくつかの貴重な教訓を残して消滅していったわけです。

運動は消滅したけれども、しかしこれは、今後の人間社会のありようを考えるうえで、一つの方向性を示す壮大な実験だったといえるでしょう。その意味では、失敗したとはいえ、非常に有意義な実験だったのではないでしょうか。

宇宙の愛を感じる以外に幸せはない

その方法論は確かに間違っていたのですが、ヒッピーたちが心から求めていたのは、「悟り」と人間に対する本質的なやさしさだったのではないでしょうか。

ただ、普通「悟り」の状態は、ヒッピーたちが求めたように、急激にはやってきません。それなりの積み上げの努力が必要なのだと思います。なぜなら、悟りというのは、さきにも述べたように、本当の自分自身、仏教でいう「空《くう》」、私のいう「あの世」とつながっていくことであり、並の努力では達することのできない状態だからです。

本当の自分自身、いわゆる「あの世」は、いってみればいく重《え》もの「包み紙」におおわれていて、特別な人以外には、誰にもその実体を見ることができません。そういう状態になっていると考えられます。

もしそうなら、「あの世」とつながるには、そのいく重もの「包み紙」を一枚一枚はがしていく作業をともなうことになるでしょう。

では、どんな「包み紙」が「あの世」をおおっているのか。どうすればその「包み紙」をはがしていくことができるのか――これは非常に大きなテーマであり、また複雑な内容をともなっていて、それを説明するだけでもゆうに一冊の本になってしまうでしょう。したがって、これについてはまた別の著書で述べることにしたいと思います。

ただ、ここで一つだけはっきりいっておきたいことは、悟りに達しなくても、私たちは十分に幸福になることができるという点についてです。

幸福とは、宇宙の愛を感じることです。逆にいうと、それ以外の幸福はありません。つまり、宇宙の愛を感じて生きていることこそが幸福なのであって、幸福にはそれ以外に何の要因もありません。

その意味では、宇宙の愛を感じることができれば、誰でも幸福になれます。一般にいわれるように「お金がある」「名誉が得られた」「友人に恵まれた」「恋人に恵まれた」ということが要因で、人は幸福になるのではありません。宇宙の愛を感じている人が、たまたまお金を得たり、名誉を得たり、友人や恋人に恵まれたりすることはあるでしょう。しかし、それは幸福にとっての原因でも結果でもないのです。

もちろん、宇宙の愛を感じている人のほうが、友人には当然恵まれるだろうし、いろいろなことでうまくいく可能性はあります。ただ、そこでお金や名誉などの煩悩にとらわれてしまうと、幸福のほうからさっさと逃げていってしまうこともありうるでしょう。したがって、お金や名誉がある人が必ずしも幸福とはいえません。

大金持ちなのにあまり幸せでない人

たとえば、私が出合った次のような例があります。

ある瞑想の集会がアメリカのワシントンＤＣで開催され、四〇〇〇人もの人が集まったことがあります。約二か月間の合宿で、私もそれに二週間ほど参加しました。驚いたのはその費用の安さです。一流のホテルに泊まり、ベジタリアンのすばらしい食事が毎回出たにもかかわらず、どうしてこんなに安く運営できるのか、不思議だったのですが、それには理由がありました。

この会合は、いろいろな人の寄付で成り立っていました。そのなかの一人に、五ミリオンダラー、日本円で五億円もの寄付をしてくれた大富豪がいたのです。四〇〇〇人もの参加者がタダみたいな安い値段で合宿に参加できたのは、そのためでした。

それ自体は大変けっこうな話なのですが、五ミリオンダラーを寄付した大富豪を見ると、肩が異常なほどイカリ肩なのです。これは、気功法とかヨーガをやっている人間から見ると、ものすごいストレスが蓄積している証拠ということになります。そんなに肩が上がるぐらいストレスがたまっていると、瞑想だけでは、ストレスはほとんど解けません。きちっとハタヨーガをやるか、気功法に真剣に取り組むか、あるいはボディーワークをやらないと解けないだろうと思います。

私が見てすぐにわかったのは、おそらくこの人は夜、安眠できていないだろうということでした。頭とボディーの間の気の流れが止まっているというのが、よくわかるのです。そのぐらいストレスがたまっている。要するに、ものすごく働いて大変な大金持ちになったかもしれないけれども、一見してアンハッピーだなとわかる人でした。そういう人だからこそ、瞑想に救いを求めたのかもしれません。でも、私の見る限り、それは瞑想ぐらいではなかなか解けないだろうし、したとしても快い瞑想には入れないだろうということがわかったのです。

これは自分の経験からもいえるのですが、私も瞑想をはじめた頃は、背中に非常に大きなこわばりがあり、そのために瞑想になかなかうまく入れませんでした。そのとき、ハタヨーガに鋤《すき》のポーズというのがありますが、その鋤のポーズをして背中をのばしたあと瞑想をすると、非常に瞑想に入りやすいということを発見し、その後それをくり返しているうちに、いつのまにかこわばりが解けた経験があります。

このように、普通に生活しているぶんには気がつかないこわばりなのですが、そういうものがあると瞑想にも入りにくいものなのです。

したがって、この大富豪のように肩や首がこわばっていたら、きちんとした瞑想に入ることは、とてもできません。

そういう状態から脱却したいと思って瞑想のサークルに入り、何とか救いを求めても、そういう状態ではまったく救われていない。夜も安眠できないだろうし、絶えず不安感にさいなまれ、体の調子も悪いはずなのです。それは、異常にストレスが蓄積しているからですが、その意味でこの大富豪は、いくらお金があってもあまり幸福ではない人間の一人ということになるでしょう。

宮沢賢治も宇宙の根っこにたどり着いた

それに対して、別にお金はなくても、第４章で述べたような、いつも口もとから自然にほほえみがこぼれているような人も現実にはいるものです。その人がいるだけで常にまわりが明るくなる。そういう、いわば華のある人というのは、やはり宇宙の愛を感じている人なのではないでしょうか。

したがって、そういう人はとても幸福です。幸福な人というのは、自分の幸福でまわりの人を照らし、宇宙の愛を周囲に伝えているものなのです。つまり、宇宙の愛を感じている人は、自分を通してその宇宙の愛を人に伝えているのです。

その意味で、人に対する愛というのは決してその人から出てきているのではなく、やはり宇宙からきているといってもいいのではないでしょうか。したがって、宇宙の愛を感じている人は、無条件に人を愛することができます。人を愛する人は宇宙の愛を感じている人ではないかと私が思うのは、そのためです。

一九九六年は、宮沢賢治の生誕一〇〇年で、日本中が宮沢賢治ブームに包まれました。この宮沢賢治もまた、宇宙の愛を感じ、宇宙とつながることを願って生きた詩人の一人だったと思います。

母親を通して宇宙の愛をたっぷりと吸収して育った賢治の他人に対する愛情は、子どもの頃から尋常なものではありませんでした。たとえば小学生の頃、水を入れたバケツをもって廊下に立たされた友だちに同情し、バケツの水を全部飲み干してしまった話は有名です。

また高校の頃、お金のない友人に自分の所持金をすべて渡し、自分は盛岡から花巻の実家までの約二五キロの道のりを、汽車にも乗らずに歩いて帰ったこともありました。宮沢賢治は、そういうエピソードにあふれた人でした。

宮沢賢治の『農民芸術概論綱要』という文章に次のような一連の言葉があります。

世界がぜんたい幸福にならないうちは個人の幸福はあり得ない
自我の意識は個人から集団社会宇宙と次第に進化する
この方向は古い聖者の踏みまた教へた道ではないか
新たな時代は世界が一の意識になり生物となる方向にある

正しく強く生きるとは銀河系を自らの中に意識してこれに応じて行くことである

すでにユングの「集合的無意識」やボームの「暗在系」の考えを知った読者のみなさんは、それらとのある共通点をこれらの言葉のなかに発見し、驚かれたのではないでしょうか。哲学者の谷川徹三さんは、そのなかに「宇宙的連帯の根本感情」を読み、結果としてこれらの言葉から「宇宙万物は慈悲であり、その慈悲を人格化してみればいっさいは仏である」「われわれの心が宇宙いっさいであり、仏である」という考えを導き出しています。

いずれにしても、宇宙とのつながりを願った賢治の思いが伝わってくる一連の言葉ではないでしょうか。

賢治がこれを書いたのは大正一五年ですが、当時こういった考えをいだいていた人は、日本では比較的まれだったかもしれません。

母から受けた愛情を思い出してみなさい

宇宙はどんな人に対しても、ものすごい愛を注いでいます。そういう宇宙の愛を感じられるようになれば、自分を否定する要素はまったくなくなるでしょう。自分の現在を肯定し、過去を肯定し、未来を楽観する。つまり何も悔やまない、何も心配しない、そういう状態になれるはずです。

ただ、これも何度もいうように、そういう状態を自分に無理強いするべきではありません。そういう状態に自然になっていくこと、それが大事です。それには、悔やんでいる自分、心配している自分、あるいは自分を否定している自分、否定的な発想をしている自分を決して抑え込まないことでしょう。抑え込むと、それはかえって心の奥底に固着してしまいます。むしろ、そういう否定的な感情をいだいている自分を、そのまま認めてあげるべきなのです。

赤ん坊は、みんな無邪気です。否定的な感情、すなわち邪気がまったくないから無邪気というわけですが、確かに赤ん坊は悔やむことも、自分を否定することも、未来を心配することもありません。その意味では赤ん坊のような状態が、人間にとってもっとも理想的な状態といえるのではないでしょうか。

赤ん坊が無邪気なのは、母親の愛に包まれているからです。母親の愛に包まれてさえいれば、赤ん坊は何の心配もいりません。だから無邪気でいられるのです。そのかわり、母親の愛が少しでも途切れると、それが赤ん坊の将来にトラウマとなって残りかねません。

それだけ母親の愛というのは重要なのだといえるでしょう。

プロローグでも述べたように、赤ん坊に対する母親の愛情は、まさに宇宙の愛ではないかと思われます。

私が、母親の愛を宇宙の愛だと感じるようになったのは、一九九四年の夏、アヤン・トゥルク・リンポチェというチベットの高僧について「ポア」のトレーニングを受けたときからでした。

「ポア」というと、オウム真理教の事件以来、殺人を犯すことの意味にとられるようになり、言葉そのものが汚されてしまって非常に残念ですが、本来の意味は、死に際して解脱するための技法のことで、チベット密教でももっとも大切な教義の一つです。

当時、私は瞑想法を勉強しようと思い、そのためのあらゆるトレーニングを受けていましたが、チベット密教のトレーニングを受けたのも、その一つでした。

チベット密教の瞑想法は、イメージを主体とした瞑想法です。たとえば仏様をイメージするときには、仏様のかたちはもちろん、座っている蓮華の座や、下を支えている四つの獅子まで、ものすごく詳細にイメージするようなトレーニングをするわけです。

そういうトレーニングの一つとして私が受けたなかに、「母親を実感するトレーニング」というのがありました。受けてみると、「あなたが生まれたときのことを思い起こしてください」「母親はそのとき何をしましたか」「あなたが夜中に泣いたときに、起きて乳を与えたでしょう」「オシメが濡れたらすぐ取り替えたでしょう」——そういう例を詳細にどんどん出してくるのです。

確かに、そういう具体的な例をどんどん出されると、一種の退行催眠をかけられた状態になり、赤ん坊の頃の追体験をするような感じになって、なるほど母親の愛というのはそういうものか、ということが実感できるようになるわけですが、はじめのうち私は、いかめしそうなお坊さんが、どうして母親の愛情の話をこれほど長時間にわたって出してくるのだろうと、ちょっと奇妙な感じを受けていました。

でも、間もなく私は気がつきました。「そうか。要するに母親の愛というものに託して宇宙の愛とか仏の慈悲というものをみんなに納得させようとしているのだな」ということにハッと気がついたのです。

このように、母親の愛を追体験させることで、否定的な感情によって遮断されている宇宙の愛というものをもう一度呼び起こそうとしているのだ、ということに気がついたとき、私は何ともいえない感動を覚え、母親の愛は宇宙の愛であるということを実感することができたのです。

至福の人生は無条件の愛からはじまる

では、なぜ私たちはなかなかそれを感じられないのでしょうか。それは、第3章で述べたように否定的な感情がじゃましているからです。否定的な感情というのは、いってみれば洋服みたいなものであって、私たちはそれを何千枚着ているか、何万枚着ているか、あるいは何億枚着ているかわかりません。人によってそれは違うけれども、そういうものをものすごくたくさん着ていることは確かです。

私たちは、肌をおおえば風は感じられなくなります。それと同じように、否定的な感情をいっぱい体にまとってしまうと、宇宙の愛は感じられなくなるのです。そういう状態で、いくら理性で「宇宙には愛がある」「神は無条件の愛を注いでくれる」「仏には慈悲がある」と考えても、私たちには何の助けにもなりません。

否定的な感情をはずすという第3章で述べたような方法論が、非常に重要な意味をもってくるのは、そのためです。「スマイル行」とか「想念の行」とか、ほんのちょっとした行でも、否定的な感情をはずすうえではプラスになってきますし、そのためのもっとも直接的で強力な方法論が瞑想法なのです。否定的な感情をはずすことがいかに人生にとって大事かということ、それがこの本でいちばん、みなさんに知っていただきたかったことなのです。

どんな人でも、宇宙の愛をまったく感じないということはありません。誰でも多少は感じているものです。私は、本書の第3章の最後のほうに、人間は本来、みんな非常に細い糸で本当の自分自身、すなわち「あの世」とつながっているのではないか、と書きました。要は「あの世」とつながっているその細い糸をさらに太くし、それをパイプのようにして、宇宙の愛が障害なく流れてくるようにすればいいわけです。そうすれば、まずその段階で私たちは幸福になれるのではないでしょうか。

ところで、松下幸之助さんは生前、自分はものすごく運がいいのだ、と常にいっていました。私は、以前からいろいろな人に会ってきてわかるのですが、自分で運がいいと思っている人は、やはり運がいいのです。自分で運が悪いと思っている人は運が悪い。まさにそういう関係になっています。

自分は運がいいと思っている人は、宇宙の愛を感じている人です。つまり、運がいいというのは、宇宙の愛を感じているということの別の表現なのです。自分という存在が宇宙に愛されている。それが運がいいという表現になっているわけです。

こういう考え方は、決して新しい考え方でも何でもありません。宗教では昔からずっといわれてきたことです。キリスト教では、これを「神の愛」といい、仏教では「仏の慈悲」といってきました。

たとえば、一六世紀スペインのカルメル会の聖者で、『霊魂の城』という本を書いたアヴィラのテレサという人は、神の愛を絶えず感じていて、神の愛を感じると「おお、神様」といって空中に浮かび上がったと伝えられています。食事中でもいつでも、神の愛を感じると、ほろほろと涙を流し、空中に浮かんでしまう。まわりの人々から見れば、彼女のそんな行為は日常茶飯事で、不思議なことでも何でもなく、ただ、いちいち空中に浮かんでしまってわずらわしいことだと思っていた——出典は忘れましたが、そんな話を何かの本で読んだ記憶があります。

もちろん、本当に空中に浮かんだかどうかはわからないし、あるいは、それはのちの創作かもしれません。ただ、アヴィラのテレサが宇宙の愛、神の愛というものを直接的にすごく感じていた人だということは、このエピソードからも十分に伝わってくるのではないでしょうか。

私は、この「感じる」ということが大事なのだと思います。つまり「宇宙の愛」を、キリスト教では「神の愛」「無条件の愛」といい、仏教では「仏の慈悲」といっているけれども、これは説教を聞いて頭で理解しても、何の助けにもなりません。理性で理解しようとしても、これは理解できることではなく、体で感じる必要があるということなのです。

本当に体で宇宙の愛、神の愛、仏の慈悲というものを感じられたら、その人は放っておいても幸福でしょうし、何でもうまくいくと感じられるような人間になるでしょう。

本当の幸福が限りなくつづく至福の人生は、そこからはじまるのだと思います。

単行本　一九九七年六月　サンマーク出版刊

サンマーク
文庫

宇宙の根っこにつながる生き方

2002年2月1日　初版発行
2022年2月5日　第13刷発行

著者　天外伺朗
発行人　植木宣隆
発行所　株式会社サンマーク出版
東京都新宿区高田馬場2-16-11
電話 03-5272-3166

フォーマットデザイン　重原 隆
印刷　共同印刷株式会社
製本　株式会社若林製本工場

落丁·乱丁本はお取り替えいたします。
定価はカバーに表示してあります。

ISBN978-4-7631-8142-8　C0130

ホームページ　http://www.sunmark.co.jp

サンマーク文庫 好評既刊

サムシング・グレート

村上和雄

人間を含めた万物は、大いなる自然の一部であり、そのエネルギーとプログラミングによって生きている。

581円

生命《いのち》の暗号

村上和雄

バイオテクノロジーの世界的権威が語る「遺伝子オン」の生き方。20万部突破のロングベストセラー。

571円

生命《いのち》をめぐる対話

村上和雄

バイオテクノロジーの第一人者が分野を超えて出会った9人の賢者たち。遺伝子が語りかける人間の生き方。

571円

生命《いのち》の暗号②

村上和雄

無限の可能性をもたらす、遺伝子のスイッチをオンにする方法とは？　ロングベストセラー・シリーズの第2弾。

571円

人生の暗号

村上和雄

「人生は遺伝子で決まるのか？」。遺伝子研究の第一人者が解明する「あなたを変えるシグナル」。

571円

※価格はいずれも本体価格です。

サンマーク文庫

好評既刊

神との対話

N・D・ウォルシュ
吉田利子＝訳

「生きる」こととは何なのか？　神は時に深遠に、時にユーモラスに答えていく。解説・田口ランディ。

695円

神との対話②

N・D・ウォルシュ
吉田利子＝訳

シリーズ150万部突破のロングセラー、第二の対話。さらに大きな世界的なことがらや課題を取り上げる。

752円

神との対話③

N・D・ウォルシュ
吉田利子＝訳

第三の対話ではいよいよ壮大なクライマックスに向かい、それは人類全体へのメッセージとなる。

848円

神との対話 365日の言葉

N・D・ウォルシュ
吉田利子＝訳

真実は毎日の中に隠れている。日々の瞑想を通し自分自身の神との対話が始まる。心に染みる深遠な言葉集。

629円

神とひとつになること

N・D・ウォルシュ
吉田利子＝訳

これまでの対話形式を超え、あなたに直接語りかける神からのメッセージ。ロングセラー・シリーズの新たな試み。

648円

※価格はいずれも本体価格です。